老後不安の処方箋

老後不安の
処方箋

Contents

処方箋 *1*

お話をしてくださった先生たち

服部英子（はっとりひでこ）

南青山皮膚科スキンナビクリニック院長。1998年東京女子医科大学卒業後、同大学病院皮膚科に入局。2001年JR東京総合病院皮膚科、2002年虎ノ門病院皮膚科に勤務の後、2005年南青山皮膚科スキンナビクリニックの院長に就任。日本皮膚科学会認定皮膚科専門医、日本皮膚科学会、日本臨床皮膚科学会、日本アレルギー学会所属。患者ひとりひとりの肌悩みに向き合い、患者にとって最適な施術の提案を心がけている。

花王株式会社ビューティリサーチ＆クリエーションセンター
シニアヘア＆メイクアップアーティスト
形部 華（ぎょうぶはな）

雑誌・テレビ・Webなどの撮影や舞台メイク、メイクアップアーティスト養成スクールでの指導やメイクショー、講演など幅広い分野でメイク技術に携わる。メイクブランドの開発アドバイスや美容技術開発、社内外のメイク教育も行い、わかりやすい指導と、なりたいイメージに合わせたメイクに定評がある。

吉谷真由美（よしやまゆみ）

ビューティアドバイザーの経験を経て、お客様に寄り添うメイクアップカウンセリングを得意とする一方、雑誌・テレビ・Webの撮影のほか、社内外のヘアメイク教育にも携わる。ヘアメイク技術開発、美容情報の発信、セミナーなども行っており、相手に寄り添った、わかりやすい指導で評価を得ている。

処方箋2

処方箋3

上田嘉代子（うえだかよこ）

神楽坂レディースクリニック院長。1976年東京女子医科大学卒業。京都大学婦人科産科学教室入局。大津市民病院産婦人科などを経て東京女子医科大学附属「女性生涯健康センター」婦人科に勤務、2011年同センター准講師に。2016年神楽坂レディースクリニック開院。女性の生き方が多様になり多くを求められる時代の中で、心身ともに健康にあるように婦人科医としてサポートすることがモットー。日本産婦人科学会専門医、日本女性医学学会認定医、日本女性心身医学会会員、日本体育協会認定公認スポーツドクター。

畠中雅子（はたなかまさこ）

ファイナンシャルプランナー。大学時代からフリーライターとしての活動を始める。出産後、子育てと仕事を両立するためマネー分野を中心とした活動に。ファイナンシャルプランナー資格の取得後は、取材を受ける仕事も多くなり活動分野が広がる。新聞や雑誌をはじめ、Webなどに多数の連載やレギュラー執筆を持つ。さらにセミナー講師や講演の依頼も多く、全国を飛び回っている。『お金のきほん』（オレンジページ）、『70歳からの人生を豊かにするお金の新常識』（高橋書店）など著書・監修書は80冊を超える。

Prologue

老後が不安なのはなぜでしょう？
それはきっと「よくわからないから」。

暮らしぶりはどう変わるのか？
肌や身体の変化はなぜ起きるのか？
老後資金は実際どのくらい必要なのか？
全部、わかっているようでわからない
それが原因なのだと思います。
本書では、自分らしい老後を過ごす方の実例や
専門家に教えていただいた身体の変化と対処法、
老後資金の考え方と備えを紹介しています。
いずれも初歩的な疑問とスタンダードな解決法ですが
すべてのモヤモヤが一瞬で消える
魔法のような裏技は残念ながら
この世にはありません。この本で
「起こりうることを知って備える」ことが
「なんとなくの不安」を解消する——
そんなお手伝いができれば嬉しいです。

処方箋

1

for lifestyle

小さな幸せを集めて毎日を楽しく過ごす

年を重ねると、楽しいことは減ってしまうのでは……
そんな漠然とした不安を持っていませんか？
日常の中に小さな幸せの種を見つけて
自分らしく楽しく暮らしている3人の方をご紹介します。

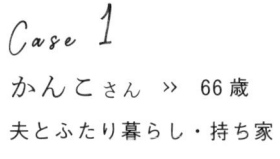

三者三様暮らしのスタイル

趣味と実益を兼ねて楽しむ庭での野菜作り

Case 1

かんこさん » 66歳

夫とふたり暮らし・持ち家

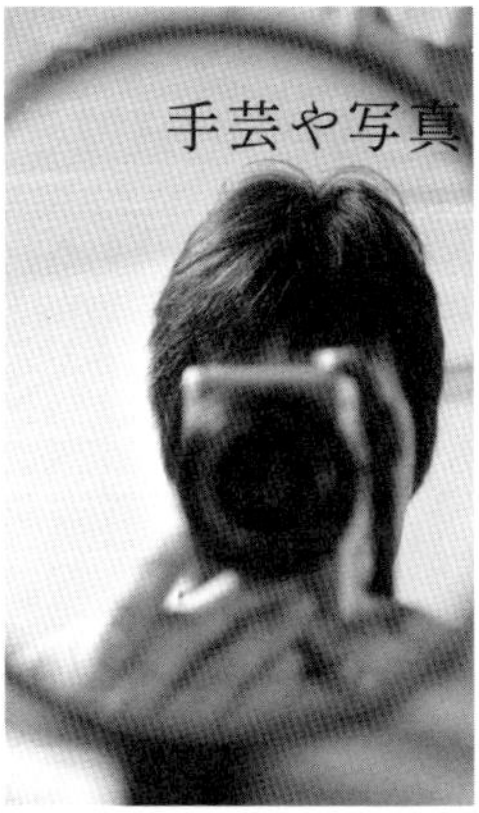

手芸や写真撮影、好きなことをのんびりと

Case 2

メロンさん » 70歳

ひとり暮らし・賃貸アパート

Case 3

小笠原洋子さん » 74歳

ひとり暮らし・団地内の高齢者向け住宅

今あるものを大切に、持たない暮らしが心地いい

Case 1 かんこさん

かんこ

66歳。現在自営業の夫と平屋に住まう。今後、年金だけの暮らしとなることに備えて庭で野菜作りを始めた。スタートして1年半で約20種類の作物を育てるまでに。野菜の収穫ほか、何げない日々を綴る「かんこブログ」の発信も。https://www.asumomata.com/

テーブルや椅子は 無垢材のよいものが欲しかったので自分の貯金をはたいて買いました。ここでいつもブログを書いています。

掃除は節電のため、ほうきを使っています。出勤前にさっと部屋全体を掃くようにするなど、こまめに掃除しています。

My Life

いくつになっても学びや趣味を楽しみたい

現在、小さな平屋で夫と愛犬と暮らしています。仕事は自営業で製造の手伝いと経理を担当し、それが生活のメインですが、来るべき年金のみの生活に備えて1年半前から自宅の庭で野菜作りを始めました。

最初は植えっぱなしでもOKなネギ、ニラ、ミョウガなどからスタート。今はイチジク、ジャガイモ、ミニトマト、ハーブ類なども栽培しています。旬の野菜を毎日食べることができ、食事も野菜中心に自然とシフトしたことで健康にもいい影響があると思っています。自宅の庭にすぐ食べられるものがあれば、経済的にもゆとりが生まれます。今後もどんどん増やしていこうと思っていますが、野菜作りはそれ以外にも喜びや楽しみをもたらしてくれました。

例えば野菜作りのノウハウや害虫駆除の仕方などを調べることはいくつになっても学ぶことの大切さを教えてくれます。

また日に日に育っていく様子を見る楽しみも。小さな種を蒔き、ある日気がつくと芽が出ていた時、そして実をつけた時の嬉しさ。収穫して料理し食卓に並んだ時の満足感。それだけで心も身体も元気になれる気がします。時には失敗することもあるけれど、失敗は成長へのステップと捉えて。次はこうしてみようという意欲につながります。

いくつになっても好奇心を持って、趣味を楽しみ、小さな発見をすることがシニアとなっても健やかに毎日を楽しく生きていくコツだと思っています。

ウッドデッキでは不織布のプランターで葉物野菜を作っています。無農薬なのでミニトマトやイチゴ、イチジク、ジューンベリーなどその場でつまみ食いしたりも。何かしら食べられるものが庭にあるのはいざという時も安心です。

収穫したミニトマトは天日干しをして、冷凍保存。セミドライのものはオリーブオイルに漬けて冷蔵保存し、炒め物などに使います。

庭のピーマン、セミドライトマトのオリーブオイル漬けを炒めて、これまた自家製の玉ねぎ麹で味つけ。簡単ですが野菜のうま味が詰まった一品になります。

My Favorite

乾燥野菜と麹、身体にいい美味しいものを毎日のごはんに

庭で野菜を作ることで、いつでも無農薬で新鮮な野菜を食べられるのですが、収穫量が多いとご近所におすそ分けしても余ってしまうことも。そこで採れすぎた野菜は天日干しで乾燥させて、保存食にしています。乾燥野菜があればいつでも野菜たっぷりの煮物やお味噌汁を作ることができるので、野菜不足にならずにすみます。

乾燥させるだけでなく、オリーブオイル漬けにして瓶に詰めて冷蔵保存しているものも。旬のものを保存しておけば、添加物もなく安心ですし、災害時などの備蓄品にもできるんです。

調味料は麹を使った発酵調味料をよく使っています。酵素が含まれ

ている麹は、消化吸収を助け、腸内環境を整える効果が期待できるのだそう。主に玉ねぎ麹やしょうゆ麹などを調味料として使っているのですが、麹菌の力で疲労回復や免疫力アップも期待できます。

特に気に入っているのが玉ねぎ麹。サラダや冷や奴に玉ねぎ麹とオリーブオイルをかけるだけでとてもおいしく、夫にも好評です。お肉も玉ねぎ麹をまぶして少しおいてから焼くと柔らかくなり、うま味がぐっと引き立つんですよ。唐揚げの下味にもおすすめです。身体にやさしいものを食べることは、心の健やかさにもつながる気がします。

右／サイドボードの上の観葉植物〝スイカペペ〟は娘からの誕生日プレゼント。左／ラタン張りのワードローブは45年前に買ったものです。

玄関の靴箱はネットで見つけて買った昔懐かしいパタパタ扉。靴が少ないのでこれで十分です。部屋の雰囲気にもマッチしていてお気に入り。

大工さんにオーダーして作ってもらったお気に入りの洗面台。洗面ボウルは通販で購入して自分でセット。ウッドテイストでまとめました。

1

2

3

1.お気に入りの日用品は値上げ対策でストックを。2.小さいほうきはテーブルや家具用。3.水とにがりで作った化粧水を家にあった醤油さしに入れ、冷蔵庫で冷やして使っています。ひんやりして気持ちがいいです。

住みはじめの頃は見せない収納を心がけていましたが、今はいつも使うものはすぐ手に取れるところに。水のタンクは常に備蓄。流しの脇に置いて断水の時などに使えるようにしています。

My Room

家具は少なめ、圧迫感がない低いものを選んで

家を建てる時、「無垢材の床にしたい」「天然の建材を使いたい」と夢が広がったけれど、予算の関係で合板の床に。せめて家具だけでも自然素材のものにしたいとこだわりました。お気に入りは節《ふし》が主役で樹木の個性を感じられるダイニングテーブルセット。いつもここでブログを書いたり、コーヒーを飲んだりリラックスして過ごします。

リビングは低めの家具に統一することで、少しでも空間が広く見えるよう工夫しました。圧迫感がないので、小さな平屋に合っていると思います。

昔はインテリア小物を飾るのが好きでしたが、年を重ねてからは掃

除がしやすいよう、家具の上にあまり物を置かないことにしています。チェストやワードローブは嫁入り道具でしたが今の家具とも雰囲気が合いますし、物を増やさないようにしているのでこの家具の量で十分です。自分のお気に入りだけを厳選して気持ちよく過ごすのもこれからの老後生活において大切だと思っています。

年金暮らしに備えて、楽しみながらの節約習慣をつける

今は自営で仕事をしていますが、年金のみでの生活になった時に備え、今のうちに、少しずつ節約をして貯蓄を増やすことを心がけています。我が家はオール電化なので今後の電気料金の値上がり対策をしないと大変だと思い、まずは節電に力を入れることに。掃除機を使わずにほうきで掃いたり、洗濯は百均の洗濯ネットを二重にしてマグ

かんこさんのとある一日

5:30
起床、夫のための朝食作りをスタート。

6:00
庭の水やり。その後は夫と自分の弁当作り。仕事場と自宅は別にしているので、夫が先に出勤。洗濯と掃除も朝のうちに片づけておきます。

8:00
出勤の準備。出先で飲むコーヒーをステンレスマグに用意。仕事は８時30分スタート。10時頃、家から持参したバナナを朝食代わりに食べることも。

12:00
山を眺めながら、持ってきたお弁当でランチタイム。午後は15時くらいまで仕事をし、帰り道でスーパーに寄ってヨーグルトや牛乳、パンなどを購入。あまりあれこれ買わないように注意。

16:00

帰宅して洗濯物を取り込んだらリラックスタイム。コーヒーを飲みながらブログを書きます。その後、愛犬と散歩へ。

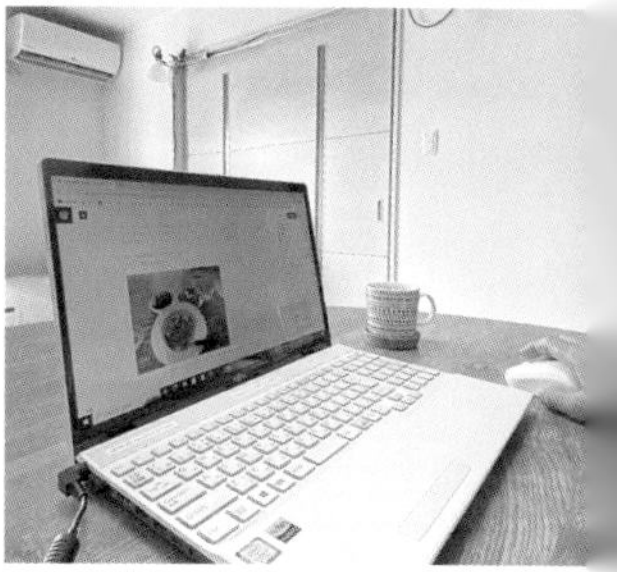

17:00

夕食作り。野菜メインのおかずを多めに。食事はなるべく18時頃までに終えることにしています。朝起きた時に胃もたれしないコツです。

18:30

タブレットで動画を見ながら夕食の後片づけ。終わったら19時頃からソファに横になって読書タイム。20時30分くらいからお風呂にお湯を張ったり、布団を敷いたりして就寝の準備をします。

22:00

入浴後、お風呂掃除。風呂場が暖かいうちに洗剤を使わず風呂用スポンジで擦り洗いし、洗ったあとはカビ対策のため冷水シャワーをかけます。その後、床・壁・浴槽・蛇口・天井・椅子・洗面器を拭き上げます。23時には就寝。

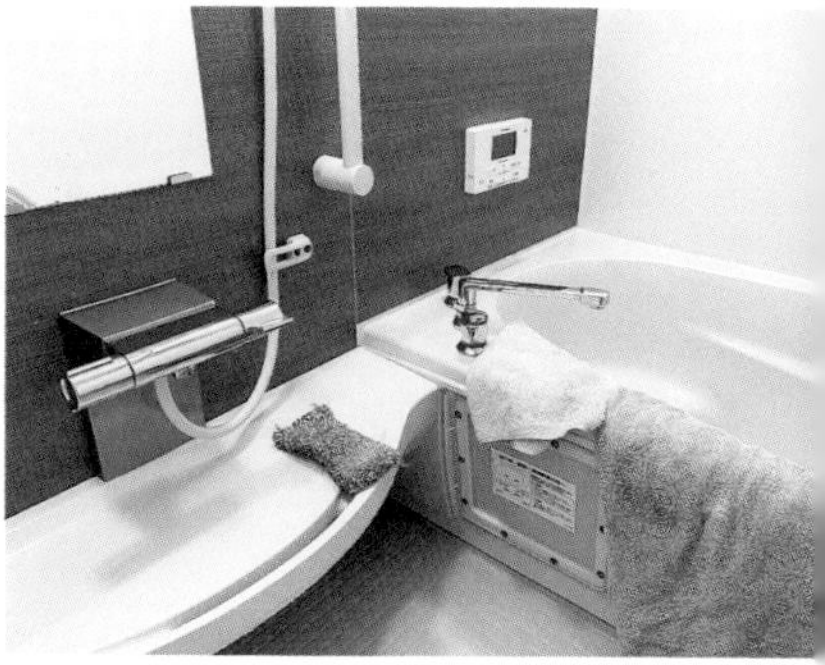

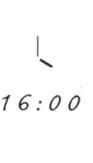

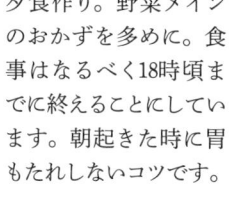

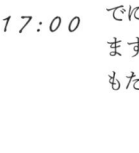

ネシウムの粒を入れて洗ったりしています。すすぎも1回でいいので節電になっているんじゃないかな。

備蓄も兼ねて固形燃料・カセットボンベ・薪・炭などもストックしています。災害などで電気やガスが止まっても数日はしのげると思うので、いざという時にあわてずにすみそうです。

インテリア雑貨が好きで買い集めていた頃もありましたが、すっきりと暮らしたいのでほとんど買わなくなりました。その代わり、今は気に入った道具や日用品にお金を使うことが多いです。いつも使うものだからこそ、自分にとってベストなものを選ぶようにしています。

基本は早寝早起き。質のよい睡眠にこだわって

5時30分起床、夜は23時には寝ます。食事は庭で野菜を育てているおかげで、野菜がメインのおかずが多く、健康によいと思っています。

食生活も大切にしていますが、質のよい睡眠をとることも意識していることのひとつです。寝る前の2時間はパソコンやスマホを見ないように。睡眠時間は最低でも6時間、できたら8時間とるようにしています。

朝は起きて1時間以内に散歩と庭の水やりをすることで太陽の光を浴び、幸せホルモンといわれているセロトニンを活性化させるのが日課です。年をとることに不安はそれなりにありますが「身体が資本」を肝に銘じて、最期まで自分の足で歩けるように筋力をつける努力もしています。体幹トレーニングによいと聞いた片足立ちを続けていますが、野菜作りの作業も案外いい運動になっているかもしれませんね。

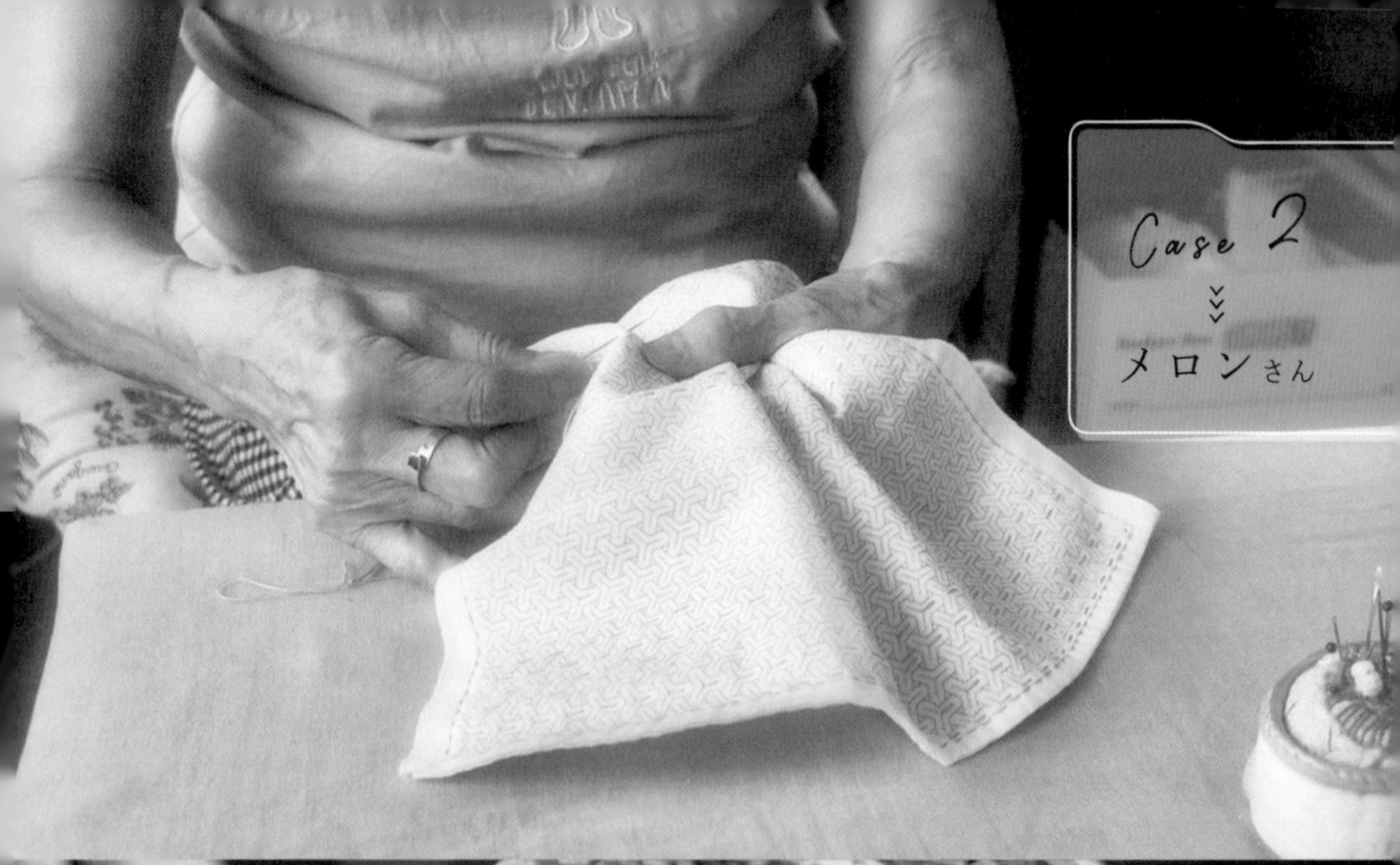

メロン

70歳。２年前から初のひとり暮らし（夫は数年前に他界）をスタート。趣味は手芸とカメラ。お小遣いになればと始めたブログ「歩く速さで」をほぼ毎日更新。https://www.etsuko1952.xyz/

相棒の一眼レフカメラ。50代から写真撮影にハマり、近所に咲いている何げない花を散歩がてらに撮影しています。ブログに投稿する時も、きれいな写真だとアクセス数が伸びるので嬉しいです。

写真を撮ることで季節の移り変わりや自然の美しさ、たくましさを感じられるようになりました。

My Life

自分のペースで過ごせるのがひとり暮らしのいいところ

68歳から初めてのひとり暮らしをスタートしました。それまでは息子夫婦と同居していましたが、かねてからひとり暮らしをしてみたいと思っていて。自分は今のところ元気だし、60代なら住居もまだ借りやすいので、夫との思い出がある昔暮らしていた街に移り住むことに。年齢的にもこれが最後のチャンスと、思い切って始めました。

引っ越しの際に洋服やアルバムなどを処分したおかげで小さなスペースでもすっきりと暮らせています。思い出は消えるわけではなく、ちゃんと心に残りますしね。最初は不安もあったひとり暮らしですが、思った以上に気楽で快適です。誰かといると、自分のペースだけで動くことは難しいですが今は好きなことに好きなだけ時間を使えて、毎日が楽しいです。

かぎ針編みをしたり、好きな韓流ドラマを見たり、カメラを片手にブログのネタを探しに出かけたり。75歳くらいまでは、今の生活を続けられたらいいなあと思っています。

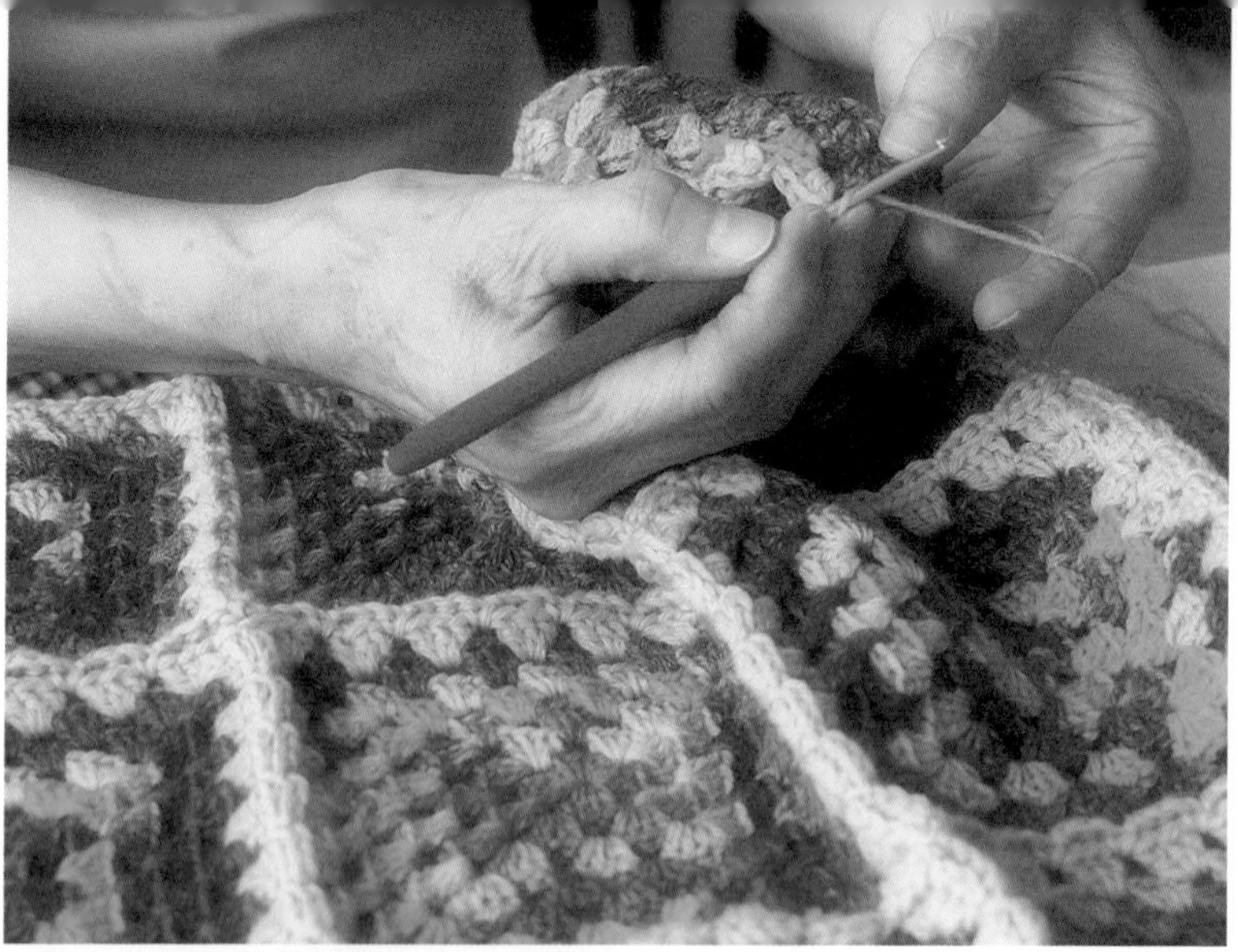

上／毛糸とかぎ針があればすぐに始められるのがかぎ針編みの魅力。
左／さまざまな色合いが美しいオパール毛糸は、凝った編み方でなくてもニュアンスのある仕上がりになります。

できがあがった作品は、テーブルセンターなどにして使っています。手を動かした愛着もあるし、部屋にぬくもりと彩りを添えてくれます。

刺し子の魅力の一つはさまざまな市販の図案があること。伝統的なものからモダンなものまであり、完成品を並べると圧巻で、ついニンマリしてしまいます。

図案出典：刺し子屋わらべすく

色合いが美しい「ajisaidrop（アジサイドロップ）」の手染め糸がお気に入り。糸選びも楽しくて、お店や通販サイトをこまめにチェックしちゃいます。

刺し子をする合間にビーズクッションでひと休み。運動不足になりがちなので時折、傍らのステッパーで踏み台昇降運動もしています。

My Favorite

手を動かしていると穏やかな気持ちになります

　もともと針仕事は好きでしたが、50代の頃に通販できれいな刺し子作品を見つけ、キットを購入したのをきっかけに、刺し子も趣味のひとつになりました。当時はまだパートで仕事をしていたり、家族の世話もあったりで、没頭する時間はなかったのですが、ひとり暮らしをして自由な時間ができたため、今では午前中をまるまる製作に充てるほどのめりこんでいます(笑)。ネットでいろいろ調べて自分好みの材料を探すのも楽しいひととき。

　刺し子は日本の伝統的な刺しゅうですが、最近は図案や糸のバリエーションが増えていて。クラシカルな刺し子とはまた違うよさの作品ができるのも魅力です。一針、一針刺していくと、美しい図案が浮かび上がるのが本当に楽しくて！　特に、複雑な図案のものを完成させると、すごく達成感を感じて、次の作品へのモチベーションもアップします。今度はこれを作ろうという目標があると、生活の中にメリハリも出ますね。

そして、手先を動かすのは脳の活性化にもいいのではと思いますし、何より針を持つと穏やかな気持ちになれるんです。加えて最近は、彩りが美しいオパール毛糸を使ってかぎ針編みにも挑戦中。かぎ針編みは、毛糸とかぎ針さえあればすぐにどこでも始められるのがいいところ。コースターなどの雑貨からショールなど身に着けるものまでと、作れるものも実にさまざま。

今、作っているのは姉にプレゼントするブランケットです。小さなモチーフを編み、つなげていくと大きなブランケットが完成するのですが、小さな積み重ねがやがて大きなものになる……人生と通じるものがありますね。

朝食、昼食、夕食はすべてワンプレートにして食べています。量としてちょうどよく、盛りつけるのも楽しいです。

手芸が一段落したら、午後はカメラを携えて散歩に行くのが日課。趣味の写真撮影は50代から続けているので、少しは上達したんじゃないかなと思っています。

1. 2. たくさんあった食器を引っ越しを機に処分したので、いつも使うプレートは決まっています。ひとり暮らしなので、食器は少ない数で十分です。3. 血液をサラサラにし、お通じによいと聞いて健康のために食べている酢玉ねぎ。

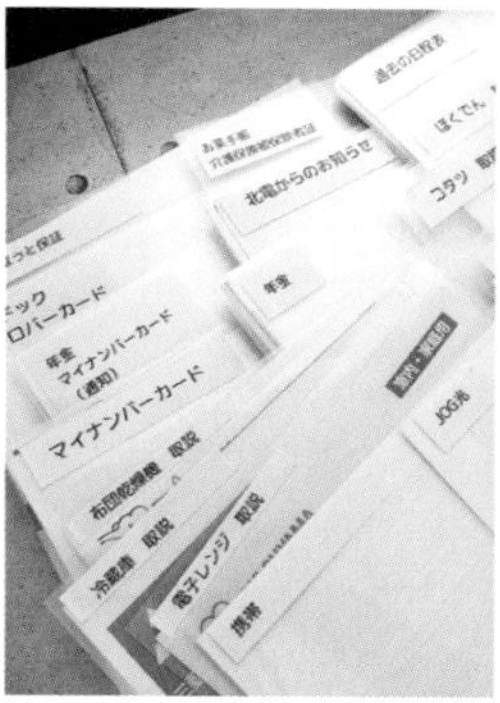

整理整頓は得意なほう。たまりがちな書類などはラベルを貼って、A4フォルダーに保管しています。テーブルについ出しっぱなしにしがちな紙類も、こうしてファイルスタンドに収納して定位置を決めておけば片づけが苦になりません。

My hobby

50代からハマっている、野に咲く花を撮影すること

3年前から、現在の「歩く速さで」のブログを始め、日々のこと、趣味の刺し子やかぎ針編みで作ったものについて綴るようになりました。手芸は同じ趣味の方がブログを見てコメントをしてくださるのがとても励みになっています。顔は見えないけれど、同じ趣味でつながれるのは素敵なことだと思います。

午前中、手芸の時間を存分に楽しんだらお昼ごはんを食べ、少し休んだら運動がてらカメラを片手に散歩に出かけます。50代から始めた写真撮影の相棒はオリンパスの一眼レフカメラ。住んでいる街は街路樹や公園があって緑が豊かなので、道端に咲くなんてことのない花をよく撮影しています。自己流ではありますが、素敵に撮影できると嬉

しくてブログにアップ。

ひっそりと佇む野の花でも、凛として咲く姿にはいつも元気や勇気をもらえ、自然が持つ力って、本当にすごいなと感動します。季節の移り変わりを感じられることも、生活の彩りになりますね。

My hearth

食事はワンプレートで彩りよく盛りつけ！

食事は基本、朝・昼・晩と一日三食ですが、それほどたくさんの量を必要としない年齢なのでワンプレートで十分。１つのお皿にごはん、主菜、副菜をバランスよく盛りつけるのも楽しいです。

朝は果物をのせたオープンサンドにゆで卵を添えたり、お昼は手軽なパスタだったり。晩ごはんなら肉か魚を主菜にして野菜のサイドメニューも一緒に……などなど。カフェごはんみたいなおしゃれさも気に入っていて、よくブログに載せています。それに何といっても片づ

メロンさんのとある一日

5:30　起床。6時くらいまでに前の晩に下書きしておいたブログを更新します。

7:00　朝食、今日はトースト。ワンプレートに彩りよく盛りつけるのが楽しいです。7時から8時にブログのランキングを閲覧します。上位だとすごく嬉しい！

8:00　掃除、洗濯などをすませます。いつもくつろいでいるリビングルームは毎日さっとでも掃除をしておくと気持ちよく過ごせます。

9:00　自由時間スタート。音楽を聴きながら刺し子やかぎ針編みを楽しみます。テレビはないので見ませんが、ネット配信の韓流ドラマ「運命のように君を愛する」「ストーブ・リーグ」などを見ています。

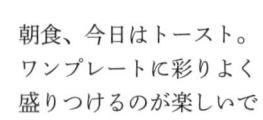

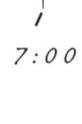

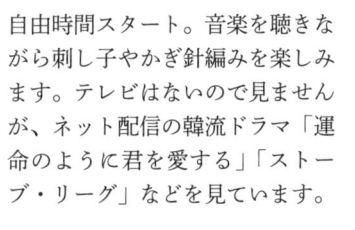

12:00

かぎ針編みのきりのいいところで、昼食。昼食は冷凍食品を利用することが多いです。

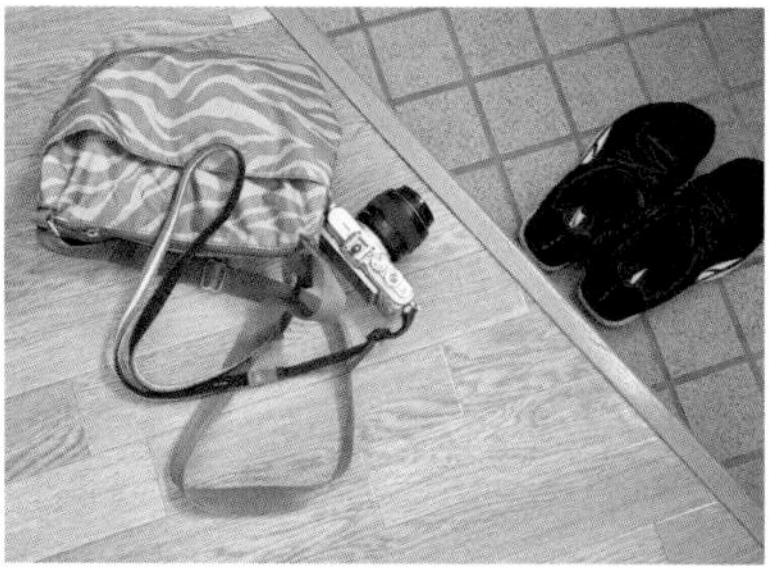

14:00

カメラを持ってお散歩。70歳になった時に市の高齢者優待乗車証を申請したので、バスに乗って図書館や港まで出かけることもあります。ブログのネタ探しと運動を兼ねて撮影散歩を楽しんでいます。

19:00

夕食もワンプレート。肉や魚などタンパク質も積極的に摂るようにしています。

19:30

翌日のブログの下書きをします。21時頃までに入浴。就寝前にリビングだけは片づけるようにしています。だいたい23時までには布団に入ります。

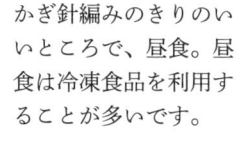

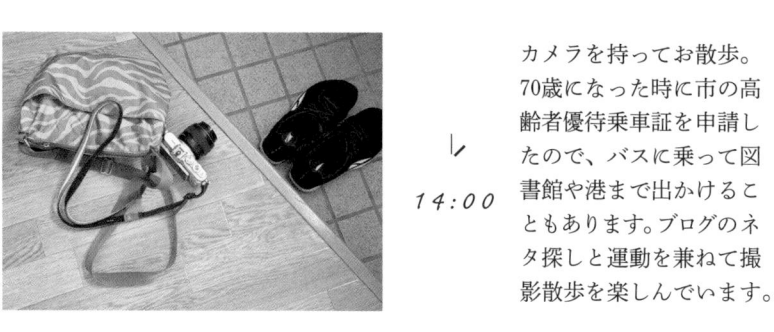

けがラク！　食事のあとはお皿を1枚洗うだけですから。

ただ、糖質過多にならないようにと肉や魚などのタンパク質もしっかり摂るようには気をつけています。ごはんは玄米にすることが多いです。ビタミンやミネラル、食物繊維が摂れるので、便秘の解消にもひと役買っています。まとめて炊いて、残りはおにぎりにして冷凍。そうして2〜3食分に分けて食べると、電気代の節約にもなりますよ。

これから先のことを考えると、無理せず自分が食べやすい方法で必要な栄養を日々の食事で楽しく摂っていくのが大切なのではと思っています。

My Routine

朝のブログの更新が一日のいいリズムに

朝は起きたらブログを更新し、夜はブログの下書きをするのが日課で、生活のいいリズムになっています。ひとり暮らしだと、時々つい物を置きっぱなしにしてしまい片づけないこともあるので、朝と寝る前にはさっとですがリビングルームの整理整頓を心がけています。目覚めた時も眠る時も、すっきりして気持ちいいです。

現在は年金生活ですが、一番の出費はアパートの家賃とインターネットのプロバイダー利用料といった通信費。また、寒い地域に住んでいるので冬は灯油代がかかります。食費や日用品はなるべくまとめ買いをすることで、極端な節約はしなくても趣味や娯楽代は毎月1万円ほど捻出できています。服も雑貨も新しく欲しいものはあまりないので、それで十分。

私の高齢期の生活のモットーは「欲張らない」「見栄を張らない」です。ひとり暮らしの自由な時間を満喫しつつ、健康に気をつけて、自分のブログタイトル「歩く速さで」のとおり、がんばりすぎず無理をせず自分のペースで過ごしていきたいですね。

小笠原洋子

74歳。画廊勤務と美術館での学芸員経験を持つ美術エッセイスト。団地内の高齢者向け住居に住み、すっきり〝持たない生活〟を実践中。「今あるものを大切に最大限活かす」がモットー。近著は『ケチじょうずは捨てじょうず』（ビジネス社）。

日本画や現代陶芸を扱う画廊に勤務した後、学芸員として美術館にも勤めていました。現在は美術エッセイなどを書いており、蔵書は美術書が多いです。本棚の隣にデスクを置いてパソコン作業をしたり原稿を書いたりしています。

母の手製で思い出が詰まった マクラメ編みのバッグ。右はクラッチだったものに持ち手をつけてリメイク。お出かけにも〝ちょっとそこまで〟にも活躍。

My Life

自分にとって必要不可欠なものだけでいい

30代くらいまでは、家具や洋服もそれなりに所有していましたが、引っ越しをするたびに整理し、少しずつ自分にとって不要なものを処分してきました。そうしてだんだんと自分が理想とする簡素な暮らしをするようになり、今ではこれ以上物を増やさないことを心がけています。けれど、もともと新しく何かを買うより今あるものを工夫して自分好みにして使うことが好きだったので、買い物を我慢しているということはありません。私にとってはごく自然に身についていたことを実践しただけ。物に縛られない生活は部屋がすっきりしますし、心の中にも余白ができる気がします。

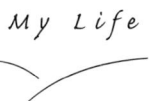

本当はもういらないものなのに、「せっかく買ったのに使っていない、もったいないからとっておこう」というような思い煩いもなくなりました。便利グッズや百円均一で売っているものなど、ついうっかり買ってしまいそうになるものも、本当に必要なのか、今あるもので代用できないかをしっかり考えてから購入します。

持たない暮らし＝質素なのではなく、自分が気に入ったものだけを存分に活かして生活することが本当の意味での豊かさを感じられるのではないかと思っています。

この部屋の主役になっているチェストは元は上段もあったタンス。レースをかけて中東の水差しを飾って。

母から譲り受けた漆塗りの小引き出しには、こまごましたアクセサリーなどを収納しています。傍にあるガンダーラ系の仏頭はリングホルダーに。

メモ用紙をさまざまな形に切り取り作ったモビールをレースカーテンの代わりに。風にやさしく揺れるさまが好きです。

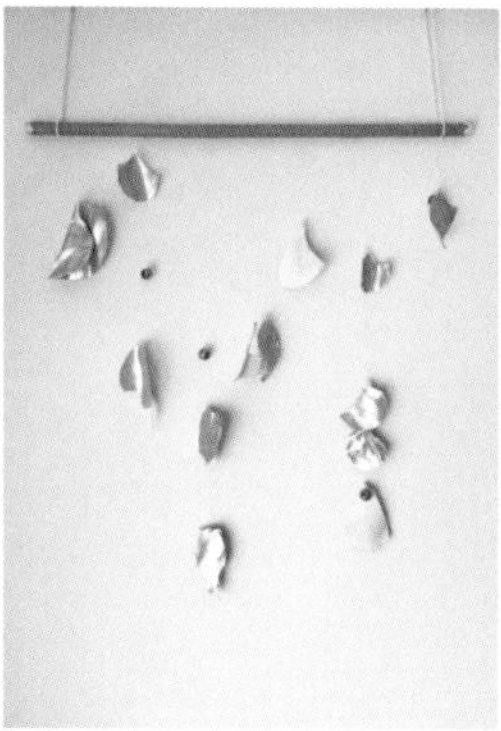

団地ゆえの殺風景な壁を彩るモビール。手芸教室を開いていた母が残してくれた金糸の生地で手作りしました。そのほか、旅先で買ったアクセサリーなども飾っています。

玄関を入ると、正面に見える飾り棚。脚の部分は実は園芸店で購入した花台です。本棚を解体したときの板を再利用して天板に。

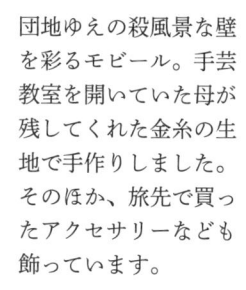

My Interior

まるごとひと部屋〝わたしギャラリー〟で お気に入りの空間に

3DKの団地は、家具が少ないひとり暮らしには広すぎます。書斎兼ダイニング兼のリビングルームと寝室のほかにもうひとつ部屋が余っているので〝わたしギャラリー〟と名づけて気に入っているものを並べています。といっても新しく買い足したものはなく、昔から使っていたものや親兄弟から譲り受けたものばかり。年月を経たものや近しい誰かが大切にしていたものは、新しいものにはないぬくもりを感じられ、家の中でも特にほっとする空間になっています。

以前、小さなアパートに引っ越したとき、それまで使っていた大きなタンスを運び入れることができずその場で解体してもらい、引き出し部分のみを残しました。以来、レースをかけてチェストとして使っています。その上に兄からの土産だった中東の水差しやトルコの小箱を飾っているのですが、この部屋のポイントになっていて、大好きなコーナーです。

壁にはウォールアート風に手作りのモビールを飾ったり、旅先で出会ったアクセサリーを飾ったり。展示(笑)するものは時々替えて、ギャラリー気分を楽しんでいます。

キッチンにはなるべく物を置かず、わずかな物だけに厳選しています。窓辺には母が編んだハンギングの鉢カバーを。かごをセットしてゴミ袋を入れています。さっと取り出せて便利です。

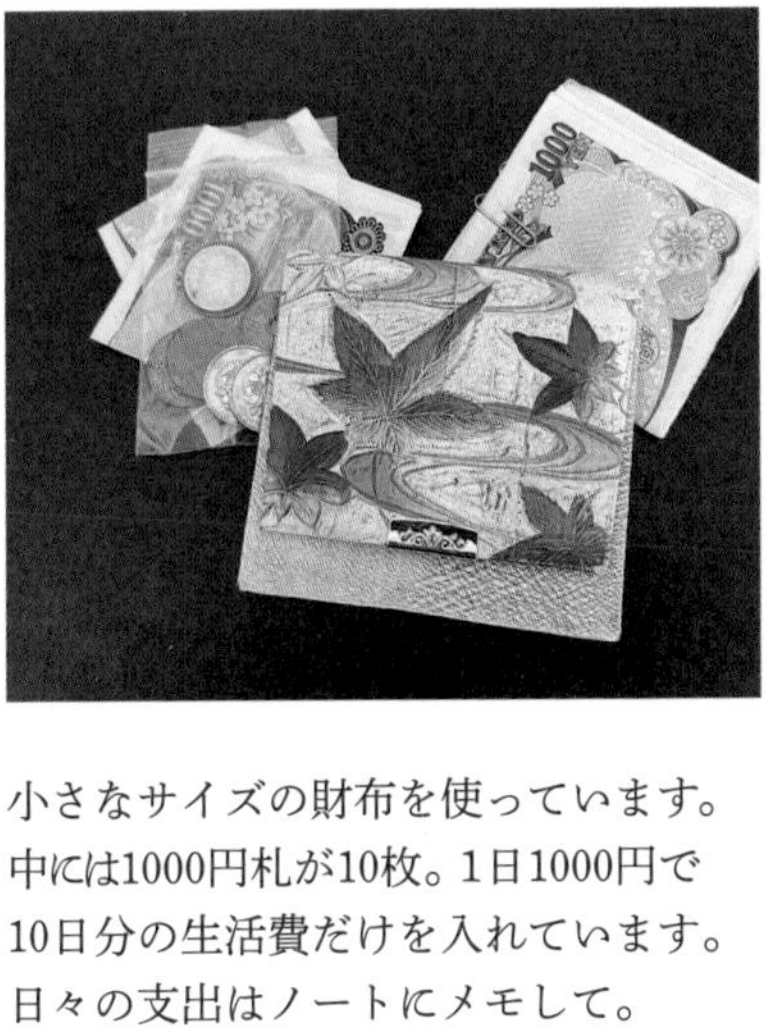

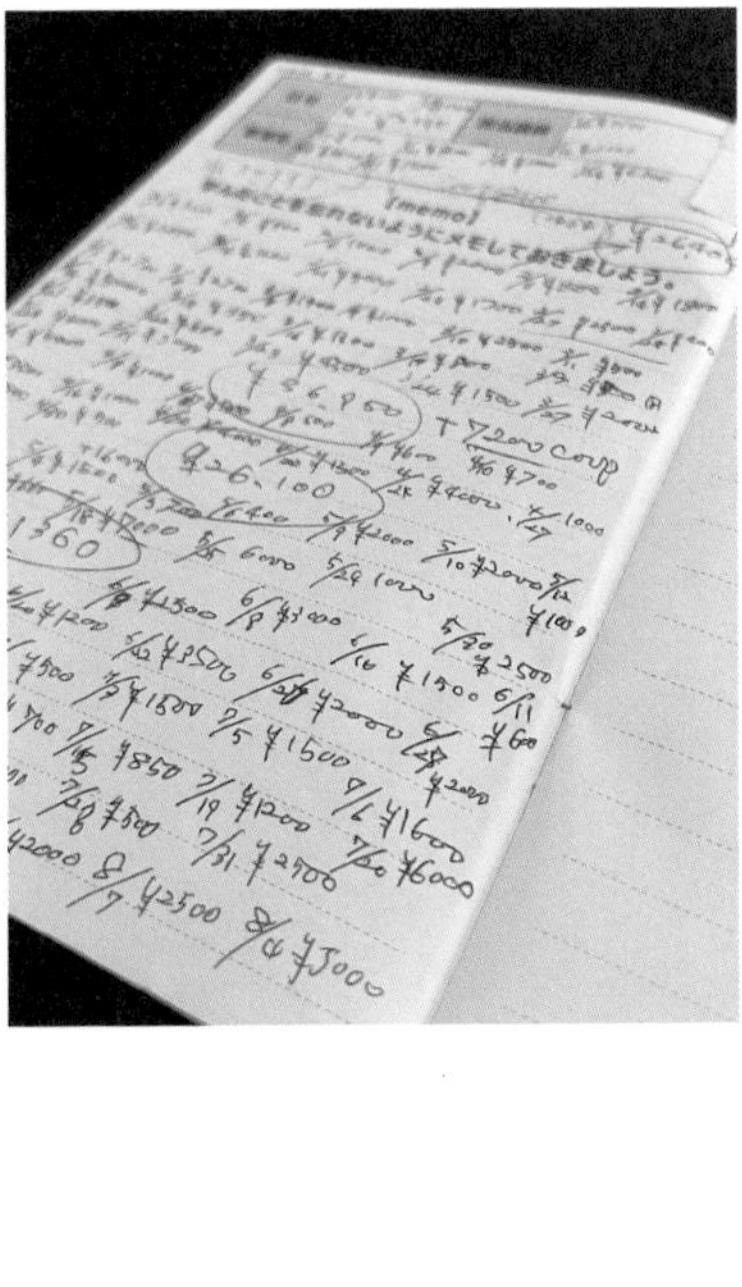

小さなサイズの財布を使っています。中には1000円札が10枚。1日1000円で10日分の生活費だけを入れています。日々の支出はノートにメモして。

洋服は愛着のあるものをリメイクやリフォームします。左のトップスはスカート部分に汚れがついたワンピースをカットしたもの。スカートの汚れのない表地はストールにし、裏地もスカーフに有効活用。右のスカートは母の和服をリフォーム。共布のベルトは着物の襟の部分を使いました。

洋服の数を把握するため「衣類リスト」を作成。カードに手書きのスタイルです。時々、持っているものを忘れていることがあるので、これを見て選んでいます。どこに何がどれだけあるかを常日頃から確認しておくようにしています。

ひとり暮らしでは、もしものときの備えも万全にしておかなくてはなりません。災害時に必要なものをリュックサックに詰めて避難袋に。中身は懐中電灯や軍手、衣類、洗面具、ウェットティッシュ、消毒液、防寒用のシート、水などを入れています。

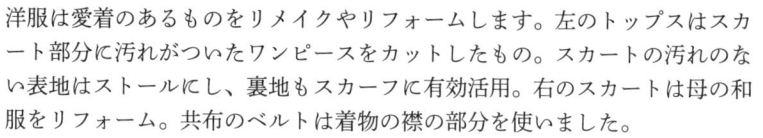

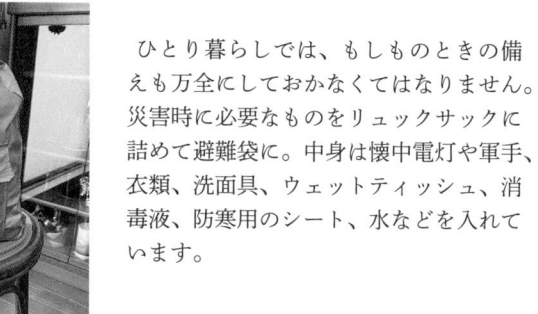

My Economy

1日1000円が生活費でも節約しているという感覚はないんです

私は70代の年金生活者です。入ってくるお金は限られていますので、節約をしないといけません。お金を極力使わず、心豊かに暮らすことを「ケチカロジー」と名づけて実践しています。

例えば、生活費は1日1000円と決めて財布の中に1000円札を10枚＝10日分と、念のための予備のお金(数千円程度)を分けて入れておきます。買い物にはほぼ毎日行きますが、使うのは1000円札1枚だけ。食料品と日用品を買うだけと決めているので、まず事足ります。私にとって節約という感覚はないですね。

どうしても1000円以上の買い物をする場合は、予備のお金から使うようにして、次の日は買い物に行かないようにする(前日までの購入品で工夫)など、メリハリをつけて。何を買ったのかをその都度メモして出費額を把握しておくようにもしています。

おしゃれ着や外出着は、もう買うことはなくなりました。着飽きたり、似合わなくなったりした服は簡単な手縫い程度の手直しを自分でしています。今の私は新しい服への関心よりも古い服をどう着こなせるかのほうに興味があって、思いのほか上手く仕上がると嬉しくなります。

また、コート・スーツ・ワンピース・セーターなどアイテムごとに手持ちの服を書き出した「衣類リスト」を作っています。何をどれだけ持っているかを把握しておくと、デッドストックを防げますし、何を着たらいいか迷った時に、これを見てコーディネートができるので、おすすめですよ。

小笠原さんのとある一日

7:30

起床、9時頃までに朝食を終えます。朝食は最近、行政サービスでお米をいただいたこともあり、白飯にしています。今日のメニューはシラスにオリーブオイルをかけたごはん、ジャガイモ・ニンジン・玉ねぎ・ヒヨコ豆入りのトマトスープです。

9:30

洗濯をして軽く掃除機をかけます。時間に余裕がある時は、夕食用の煮込み料理を準備することもあります。

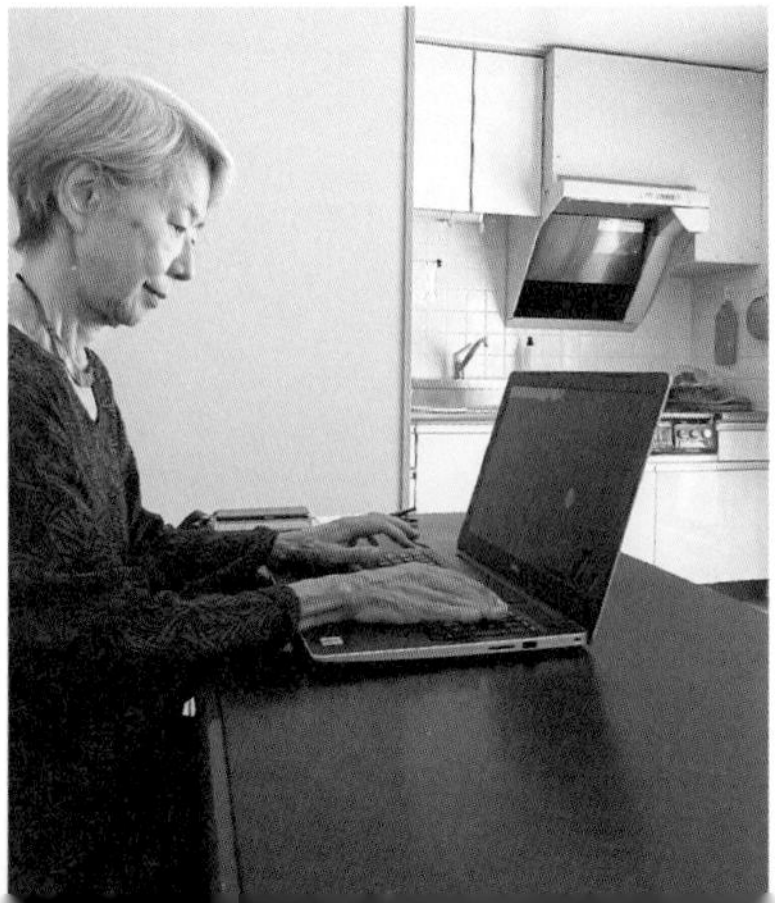

10:00

家事が終わったら、12時頃までパソコン作業の時間。Webの連載記事を書いたり、仕事のメールをチェックしたりします。昼食を終えて、半時間ほど食事の後片づけと休憩。休憩しながら読書することも。

14:00

外出。特に買い物がなくても、散歩を兼ねて図書館に行ったり銀行の用事をすませたりします。公園や野道を歩き、ベンチがあれば持参した水やおやつで休憩することも。

16:00

外出から戻り、早めの夕食。夕食は煮鶏丼、焼き茄子に胡麻味噌をのせたもの、ズッキーニの味噌汁。野菜とタンパク質をバランスよく摂るようにしています。

19:00

ラジオを聞いたり、読書をしたりのリラックスタイム。テレビを見ることもあります。視聴するのはニュースのほか、美術や歴史などの教養番組がほとんど。21時半には入浴して22時過ぎには就寝します。

My Feature

一日一度は外出、おひとりさまの備えと心持ち

ひとり暮らしなので、やはりケガや病気の心配はいつもあります。現在の高齢者向け住居に移り住んだのもそうしたことが理由のひとつです。周辺には公園が多く緑豊かで、歩きやすい遊歩道もあります。商店街や大型スーパーも近くにあるうえ、最寄り駅まではバスでの利便性も高いのです。団地内はバリアフリー化が進められていて、地域活動も活発なので安心して暮らせる環境にあります。

できれば、気に入った環境にあるこの家で最期まで過ごしたい……。そのためにも、健康のための散歩を日課に。数年前までは毎日3～4時間は平気で歩けましたが、さすがに体力が落ちてきて、現在は1～

郵便はがき

おそれいりますが
63円切手を
お貼りください

104-8357

東京都中央区京橋 3-5-7
主婦と生活社
コットンタイム編集部

老後不安の処方箋　愛読者係　行き

ご住所　〒　　-　　　☎

都道府県　　　市郡区町

メールアドレス　　　@

フリガナ

お名前

☐ 女性 ☐ 男性　年齢　　歳 ☐ 既婚 ☐ 未婚　職業：

＊本書をどこでお知りになりましたか？

☐ 書店で
☐ 主婦と生活社の刊行物での告知
☐「暮らしとおしゃれの編集室」Web・インスタグラム
☐ 知人等の紹介で
☐ そのほか（　　　　　　　　　　　）

＊本書をお買い求めいただいた理由は何ですか？（複数回答可）

□ 表紙にひかれた

□ テーマにひかれた

□ 告知記事などで興味を持った

□ そのほか（　　　　　　　　　　　　　　　　　　　　　　　）

＊本書の中でよかったページと、その理由を教えてください

［　　　　　　　］ページ／
理由（　　　　　　　　　　　　　　　　　　　　　　　　　　）

＊本書の中で興味がなかったページと、その理由を教えてください

［　　　　　　　］ページ／
理由（　　　　　　　　　　　　　　　　　　　　　　　　　　）

＊本書のご感想がありましたら、ぜひお寄せください

＊お名前・ご住所など個人を特定できる情報を公開しないことを条件に、このはがきのコメントをこの本の宣伝に使用してもよろしいですか？

□ 使用してもよい　　□ 使用しないでほしい

2時間程度に。でもそれも自分のペースでいいんじゃないかと思っています。また、家の中でもなるべく座っている時間を少なくして、立ったままテレビを見たり、掃除や片づけでなるべく動きまわったりするように心がけています。

おひとりさまの備えといえば、最近は天候不順が続いているので災害についても危機感を持って過ごしています。持ち出し用の避難袋をこまめにチェックすることはもちろんのこと、災害時の避難経路や情報の取り方などは、もしもの時を想定してシミュレーションを繰り返すようにして。

身寄りがもういないこともあり、とにかく物は少なく身軽に！　と〝持たない暮らし〟を強化させてきましたが、これからはさらに暮らしのスリム化が必要になるかもしれません。それでも、その時々で厳選した必要最低限のものだけを身の回りに置き、芸術や文化に触れることで、いつまでも心豊かに暮らしていけたらと思っています。

処方箋

2

for self-care

いつまでも生き生きと健やかに
ちょっとだけ自分に手をかける

加齢とともに肌も身体も変化していきます。
年を重ねた今の自分を受け入れつつ、
いつまでも自分らしく健やかに笑顔でいられるように。
スキンケアやメイク、ヘルスケアでの
心がけを教えていただきました。

これからに備える美容と健康

積み重ねが大切な シニア世代のスキンケア （P58 ～ 67）

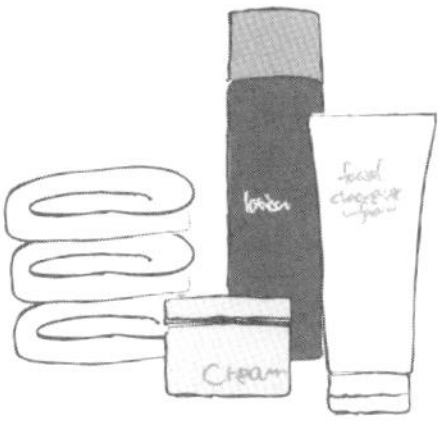

教えてくださったのは

南青山皮膚科スキンナビクリニック
院長 服部英子先生

頑張りすぎない 60代からのメイク術 （P68 ～ 79）

教えてくださったのは

花王株式会社
ビューティリサーチ＆
クリエーションセンター

シニアヘア＆メイクアップアーティスト
形部 華さん・吉谷真由美さん

〝老い〟に先手、基礎体力を 上げるヘルスケア （P80 ～ 93）

教えてくださったのは

神楽坂レディースクリニック
院長 上田嘉代子先生

摩擦は最小限、肌はこすらないのが鉄則

スキンケアとは、クレンジング→洗顔→化粧水→乳液→日焼け止めまでのお手入れを指しますが、いずれも気をつけたいのは「肌をこすらない」ということです。では、なぜ肌をこすってはいけないか？

まずは肌の成り立ちからお話ししましょう。

肌は表皮・真皮・皮下組織の3つの構造でできています。（P59の図）表皮は外からの異物の侵入をブロックして刺激から守り、体内の水分蒸散も防いで肌の潤いを保つ役割をします。

60代以降の肌は、加齢によって女性ホルモン（エストロゲン）が低下し、真皮内のコラーゲンやエラスチン、皮脂量が減少します。さらに紫外線などの外的要因でエラスチンが傷つくなどして弾力を失いがちになります。これにより、乾燥しやすく、たるみ、シワ、シミなどさまざまな肌悩みが多発することになるのです。

皮膚の厚さは一般的に2㎜程度でとても薄く、実際に私たちが目に

●肌の構造

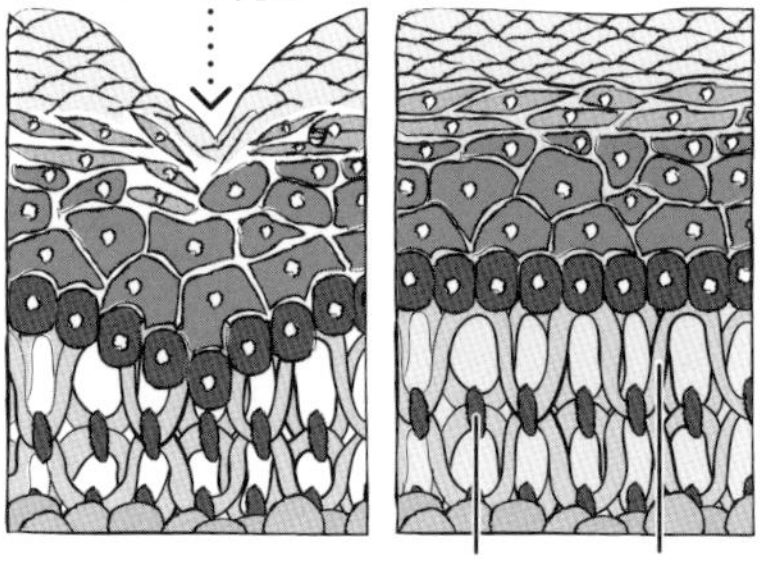

真皮は主にコラーゲンとエラスチンという線維状のタンパク質が網目状に張り巡らされており、その間は水分を抱えたヒアルロン酸などで埋め尽くされ、皮膚に弾力を与えています。皮下組織は外部からの衝撃を防ぐ役割と、体内の熱の生産と放出のバランス調整をして体温を保持する役割があります。

している表皮は0.2㎜程度、ティッシュ1枚ほどの厚さです。表皮の最外層にある「角質層」には皮膚の潤いを保つための「角質細胞間脂質（セラミドなど）」「天然保湿因子（アミノ酸）」「皮脂」があります。加齢により、これらの物質が減少すると皮膚が乾燥しやすくなり、バリア機能が低下するのです。

そのためゴシゴシこすってクレンジングや洗顔をしてしまうと、摩擦によりさらに乾燥し弾力を失い、炎症を起こして肌を傷つけてしまいます。肌をいい状態にキープするには、日頃からできるだけ摩擦や刺激を避けるようにするのがベストです。

●洗顔は泡で包み込むように

洗顔料はしっかり泡立てて、やさしくなでるように洗いましょう。指でこすったり、肌をたたいたりするのはNG。

洗い流す温度は38度前後のぬるま湯がおすすめです。シャワーを使用する場合は水圧を弱めて流しましょう。タオルで拭くときもゴシゴシこすらず、やさしく押し当て水気をとるようにしてください。

お手入れはとにかく保湿！

60代以降は、水分量だけでなく皮脂の分泌量も減ることで肌の弾力が失われてしまい、結果的に乾燥しがちになります。肌が乾燥するとシワ・シミ・たるみなどあらゆるエイジングサインが出やすくなる原因に。そのため、何はなくとも保湿が大事です。

洗顔方法

洗顔料を泡立てて、泡をクッションにしてやさしく洗う。泡立てるのが大変な人は、泡タイプの洗顔料を使っても。

こすったり、強く押さえたりするのは避けて。

クレンジングは短時間で落とす

クレンジング剤の洗浄力はオイル＞バーム＞ジェル＞クリーム＞ミルクの順番で高くなります。洗浄力が高いと肌の負担になると思われがちですが、洗浄力が低いとメイクを落とす時間が長くなってしまい、余計に肌への負担がかかってしまうことも。また、シワに入り込んだファンデーションなどが落としきれていないこともあります。ご自身の肌に合うものを選びつつ、なるべく短時間で落とせるものを選びましょう。メイクオフはつい無意識に肌をこすってしまいます。摩擦レスでやさしくケアするように心がけてください。

ケアの基本は、洗顔後に化粧水と乳液（またはクリーム）で水分と油分を肌に与えること。ベタつくから乳液やクリームを使うのは嫌という方もいますが、化粧水はあくまでも肌に水分を与えて皮脂の分泌を整える役割なので、それだけではじきに水分が蒸発してしまいます。そこで油分が含まれている乳液やクリームで蓋をして水分の蒸発を防ぎます。潤いをキープし肌をなめらかにしてくれるので、必ずセットでケアするようにしてくださいね。

●ケアアイテムは適量を乾燥する前に

スキンケア用品は、使用する量も大切です。もったいないからと少ない量でなんとかしようとすると、肌をこすってしまいがちです。製品の効果は、それぞれ表示された使用量を守ることでより実感できると思います。乾燥する秋から春先にかけては特に洗顔や入浴後、すぐに肌ケアをしないとどんどん乾燥が進んでしまいます。夜のお風呂上がりには着替えたら髪を乾かす前に、まずスキンケアをしましょう。

あらゆる老化につながる紫外線を徹底ブロック

保湿と同じくらい大切なのが紫外線対策です。紫外線を長年浴びることで引き起こされるシミ・シワ・たるみなどの皮膚の変化を光老化と言います。これは、加齢による老化とは異なり、紫外線を浴びた時間や強さによるもの。高齢期の肌は、水分量や皮脂の分泌量が減少しバリア機能が低下しているため、紫外線をきちんとカバーしないと、さらに肌のバリア機能が低下してダメージが進んでしまいます。

紫外線には波長の長さによってA波（UVA）とB波（UVB）、C波（UVC）がありますが、気をつけたいのがUVAとUVBの2つです。UVBは波長が短く、肌の表面に炎症を起こすため、トラブルに気がつきやすいのですが、UVAは波長が長く、家の窓ガラスも透過して肌の奥深く届くため、知らない間に日焼けして後からシミやシワの原因になることが多いのです。またUVAもUVBも日射しが強い春から夏に比べて秋から冬は半減するとはいえ、一年中降り注ぐため、油断

●シーン別日焼け止めの選び方

生活シーン	散歩や買い物など 日常生活	屋外での スポーツ、レジャー	海や山・ 炎天下での スポーツ、レジャー	紫外線が強い リゾート地など
SPF	10~20	15~30	30~50	50~
PA	+,++	++,+++	++,+++,++++	+++,++++

は禁物ですよ。

紫外線対策で、一番有効なのはご存知のとおり日焼け止めを塗ることです。けれど、この日焼け止めを「なんとなく」選んでいませんか？日焼け止めにはUVB対策に効果的な「SPF」とUVAを防ぐ「PA」が表記されています。SPFは1~50+で数字が大きいほどUVBへの防御効果が高く、PAは「+」が多いほうがUVA対策に効果的です。普段の生活ならSPF20~30、PA++~+++を目安に。

この数値はシーンやライフスタイルによって選んでください。朝のスキンケアの一環として、室内で過ごす時も日焼け止めを使用しましょう。ただ、ベタつくのが嫌だからと日焼け止めの使用量を減らす人は案外多く、そうなると十分な紫外線対策効果を得られません。一般的に顔は乳液タイプで1円硬貨大くらいを塗るのが目安です。表示されている使用量の目安を確認してください。顎やフェイスライン、耳の後ろ、首などは塗り忘れることが多いので、少しずつ丁寧に塗るようにしましょう。

●日焼け止めの塗り方

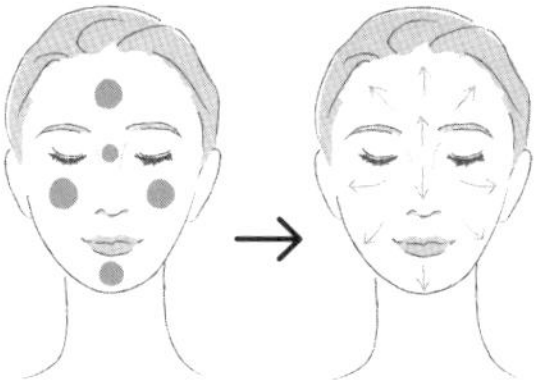

額、両頬、鼻、顎にのせて、内側から外側に広げるように塗る。

肌悩みナンバーワンのシミをどうする？

肌悩みの中でも「シミが増えてきた」「シミが濃くなってきた」というお悩みを持つ人は特に多いのではないでしょうか？　シミの一番の原因は前出の紫外線です。肌は紫外線に当たると、ダメージに備えてメラノサイトがメラニン色素を生成します。通常、メラニンは肌のターンオーバーにより排出されますが、紫外線を大量に浴びるとメラニンが過剰に生成されて肌に留まり、シミになってしまうのです。さらに加齢で肌のターンオーバーのサイクルが崩れることもシミが増えたり濃くなったりする原因です。

シミにはいくつかの種類がありますが、治療をする場合は種類によってその方法が違ってきます。シミの種類は主に6つです。(P65の図)

シミができるメカニズム

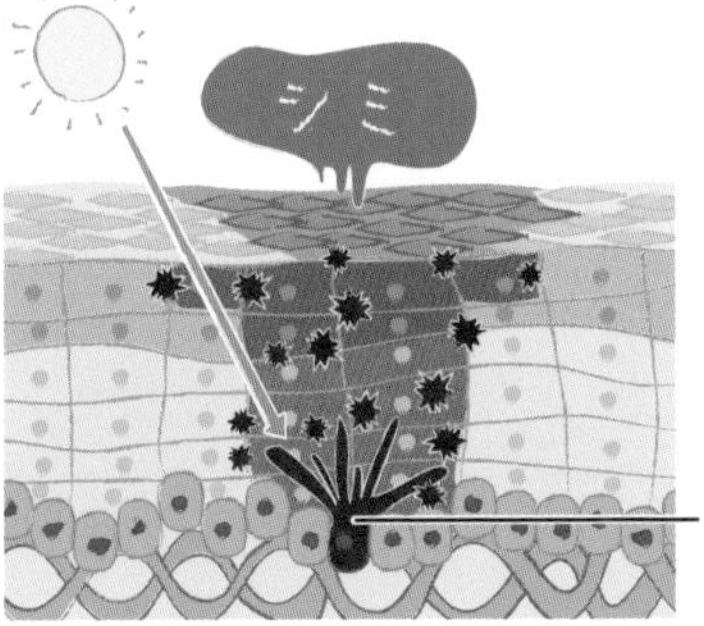

●主なシミの種類

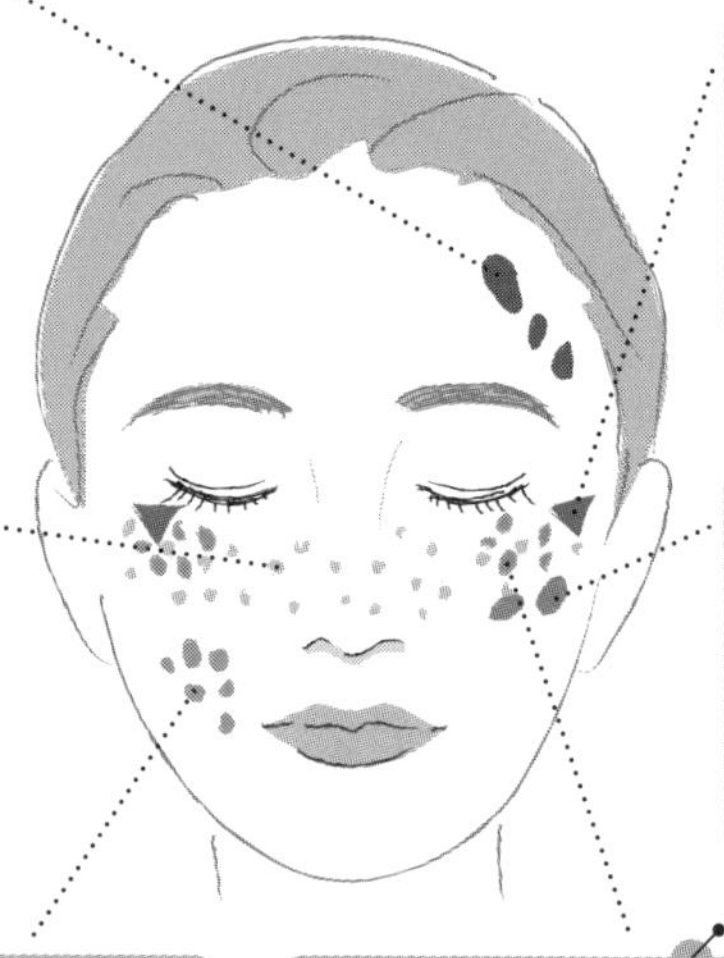

脂漏性角化症
老人性イボとも呼ばれているように、手で触るとわずかに盛り上がっているシミ。老人性色素斑から進展したもので、皮膚の老化現象によって現れる。

肝斑
左右対称にできるシミ。広く茶色のシミで頬骨の上などにできやすい。

雀卵斑
頬や鼻を中心とした顔の左右対称に数多く見られる。数ミリ以下の小さな斑点が集まったシミのことで、いわゆるそばかすに当たる。

老人性色素斑
紫外線が原因でできるシミ。円形で茶褐色。境界がはっきりしている。30代以降に多く現れる。

炎症後色素沈着
ニキビ、傷、日焼けなどの炎症後にできるムラがあるシミ。

後天性真皮メラノサイトーシス（ADM）
肌の真皮にできる灰褐色、青アザっぽいシミ。目の下や頬骨あたりに現れやすい。

シミ対策の基本は、紫外線を防ぐことですが、メラニンに作用する美白成分（トラネキサム酸、ビタミンC誘導体、アルブチン、4MSK、コウジ酸、ハイドロキノンなど）が入った化粧品でケアするのもいいでしょう。さらに抗酸化作用が高いビタミンA・C・Eが含まれた食品を意識して摂るのもおすすめです。どうしても気になる場合は、美容皮膚科でのレーザーや光治療などを選択肢に入れてもいいと思います。ただしシミの種類によっては逆効果なものもあるので、必ずきちんと医師のカウンセリングを受けて治療をするようにしましょう。

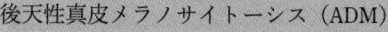

シワやたるみも日頃のケアで上向きに

ほうれい線、マリオネットライン、目尻のシワ、まぶたがたるんでいる……シワやたるみも60代以降に多い肌悩みです。シワの主な原因は年齢とともに薄くなった皮膚が乾燥しやすくなり、真皮層のコラーゲンやエラスチンなどの弾力線維が減少することで、弾力を失うためです。目元などの細かいシワは角質層の乾燥によるものですが、肌に弾力がなくなると真皮のシワとなって深くなっていきます。また、眉間にシワを寄せるなどの表情ジワも加齢によって深くなり、元に戻らなくなってしまいます。

たるみもシワ同様に真皮層の弾力線維が減少し、肌のハリ感がなくなってしまうことが原因ですが、ほかにも骨が痩せることで顔の筋肉がたるむ場合もあります。閉経による女性ホルモン（エストロゲン）の減少で骨密度が低下し骨が痩せ、その上についている筋肉や皮膚もたるみ、フェイ

●シワができやすい箇所

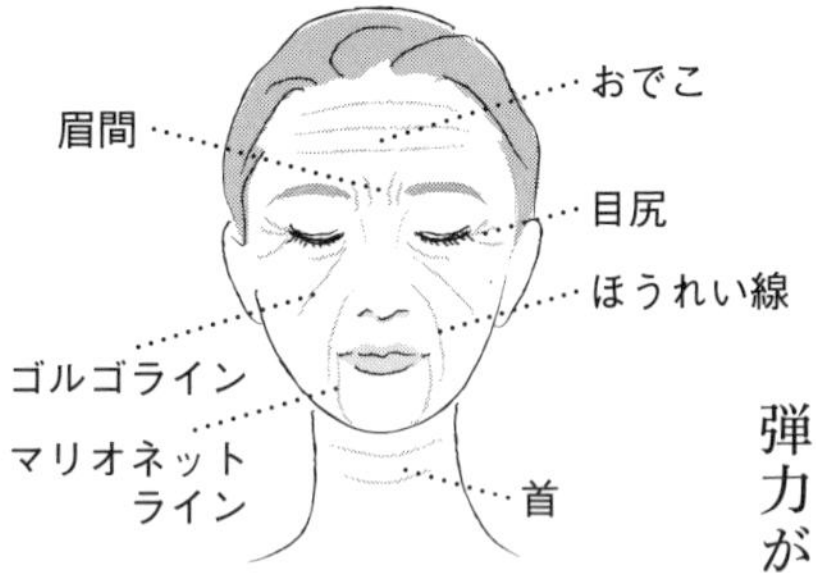

●たるみができやすい箇所

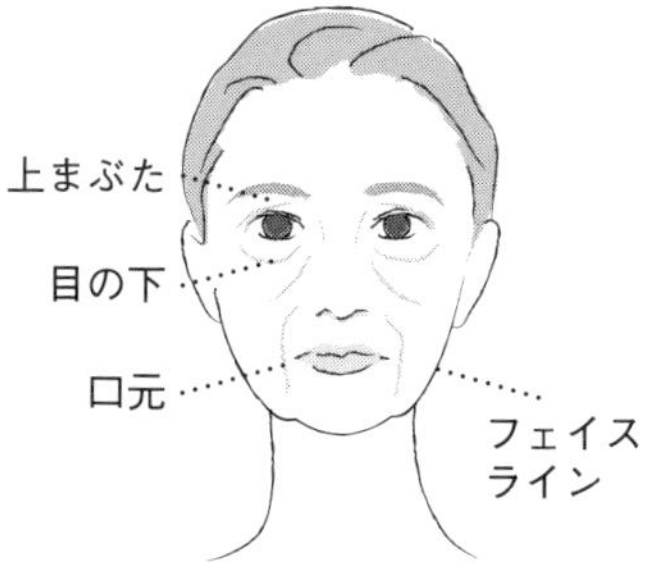

眼瞼下垂にはご注意を

まぶたのたるみは、眼瞼下垂（がんけんかすい）の場合もあります。上まぶたが上がりにくくなり、瞳孔（黒目の中にある黒い穴）の一部が隠れてしまい、視野が狭くなる症状です。皮膚や筋肉の老化のほか、まぶたを頻繁にこする、コンタクトレンズによってまぶたが裏側からこすられるなど、慢性的な刺激によっても引き起こされることがあります。まぶたが重く感じる、目が開けにくいと感じたら、眼科を受診するようにしましょう。

スラインの崩れにつながってしまうのです。

シワ対策の基本も保湿をしっかりすること、日焼け止めで紫外線の肌ダメージを防ぐことです。加えてシワ対策に特化した化粧品でケアするのもおすすめです。シワの部分を手で押さえてシワに対して平行に塗るようにしましょう。

たるみ対策では保湿やUVケアのほかに、顔の表情筋を動かすことでも効果が期待できます。表情豊かにおしゃべりしたり、口を「あ・い・う・え・お」の形にしてゆっくり動かすことで表情筋が活性化します。また、全身運動をして筋力をつけることも大切です。顔の肌も身体の一部ですから、身体を動かすことで血行がよくなり、肌の調子も整います。毎日自分の肌の状態をチェックし、変化を見逃さないようにして、いつまでも生き生きとした元気な肌を目指しましょう。

肌の悩みは下地やコンシーラーを上手に頼って

メイクの前に、ぜひやっていただきたいのが、ご自身の顔の形の変化、シミやシワがどこにあるのかのチェックです。60代以降になると老眼のせいで見えづらい部分が出てくると思うので、できれば拡大鏡を使ったり、なければ老眼鏡をかけたりして確認します。現実を直視するのは、なかなかつらい作業かもしれませんが、ぐっと我慢してよく観察してみてください。

この年代になるとシワが増えたり皮膚の弾力が減少したりすることで、顔に凹凸が出やすくなります。この変化に気づかずファンデーションを塗ると、シワの部分に溜まってよれて悪目立ちすることも。また、シミやシワをカバーしたいからとファンデーションを厚塗りすると、余計に加齢が強調されてしまいます。肌悩みは下地やコンシーラーを使って、ピンポイントに解消するのがおすすめです。

下地の選び方

化粧水→乳液→日焼け止めなどで肌を整えたら、下地を使って肌を滑らかにします。60代の肌のお悩みに多いのが、顔がくすんで見えること。下地はくすみや色ムラも整えてくれるのです。おすすめはオレンジやコーラルの下地。自然にトーンアップし、健康的に見せる効果があります。

●下地のつけ方のポイント

小鼻回り

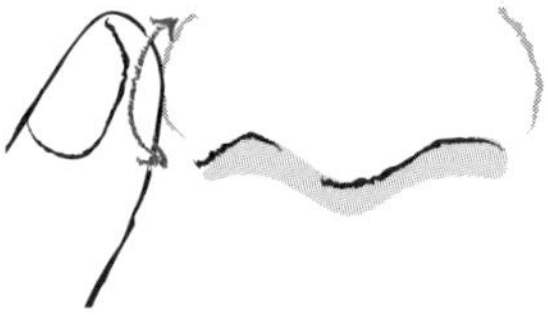

小鼻回りの毛穴の凹凸やほうれい線の影が気になる部分は、薄く下地をなじませる。

口角の影

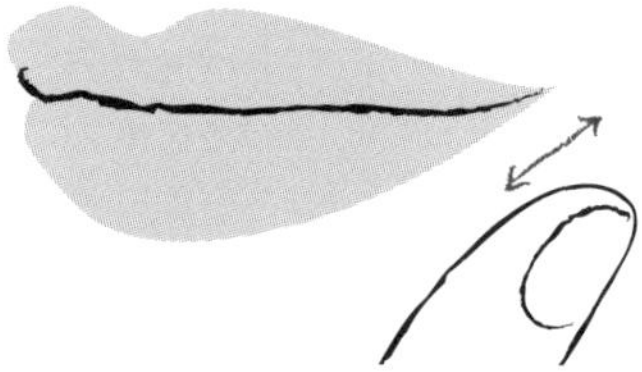

影が出やすい口角の部分にも下地は忘れずに塗る。やさしく指を動かしてつけるように。

上まぶた

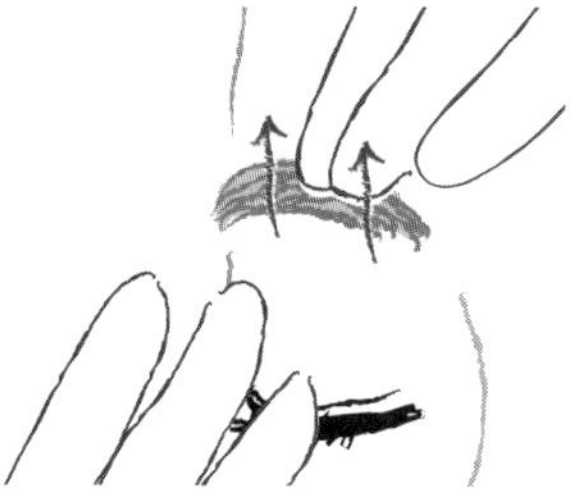

たるみがちな上まぶたは引き上げて、薄く丁寧になじませる。

生え際

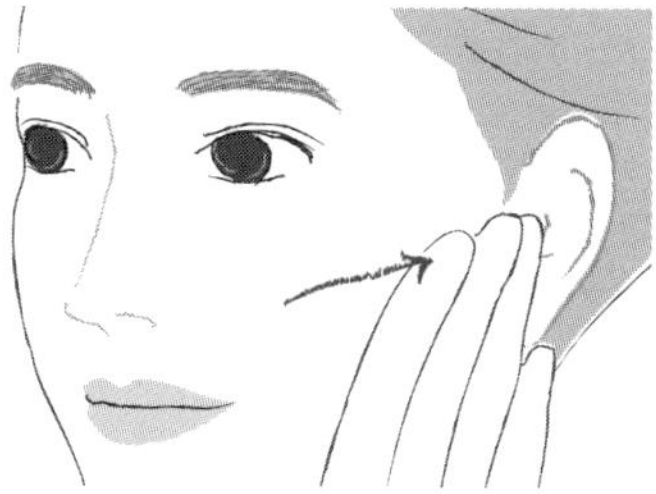

フェイスラインや生え際は薄くぼかす。首との色のつながりが自然になっているかチェック。

コンシーラーの上手な使い方

コンシーラーを塗るタイミングは、パウダーファンデーションの場合はファンデーションの前、リキッドやクリームなど乳化系ファンデーションの場合はファンデーションの後に使用します。シミはコンシーラーがあるとぐんとカバーしやすくなります。薄いシミなら肌のトーンに合わせて、濃いシミなら肌より少し暗めの色を選ぶのがおすすめ。コンシーラーを指やブラシにとってシミの部分にトントンと軽く押さえるように塗りましょう。この時、シミの周りまで塗らないように。また、塗り広げてしまうことでファンデーションの崩れや厚ぼったい肌感の原因になるので気をつけましょう。

コンシーラーには、柔らかめのリキッドタイプ、硬めのパレットやスティックタイプなどがありますが、シミには硬めの形状のほうがカバーしやすく、密着しやすいのでおすすめです。

目のたるみによる黒クマはベージュ、疲れによる青クマはオレンジのコンシーラーでカバーを。クマにはよれにくいリキッドタイプが使いやすいです。

コンシーラーを使ってシミを隠す

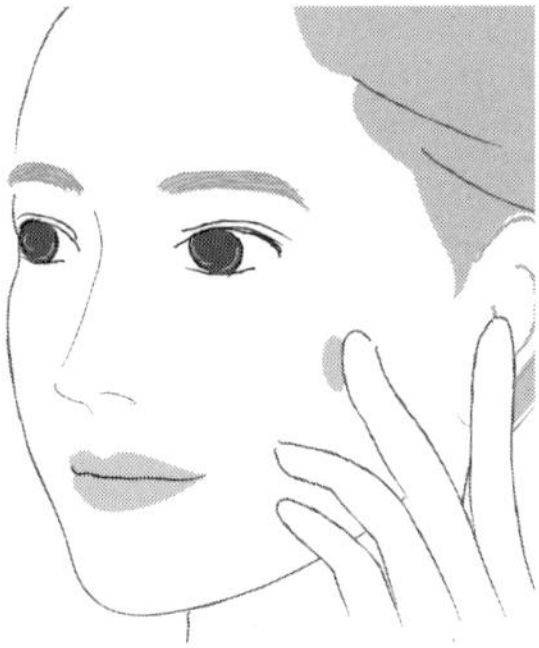

軽くトントンとなじませる。

One point

コンシーラーを持っていない場合、シミはファンデーションでもカバーできます。ファンデーションを塗った後、気になるシミの部分だけに、ファンデーションをトントンと重ねづけします。

ファンデーションの効果的な塗り方（リキッドタイプ）

シワやシミを隠そうと厚塗りをすると、不自然に見える上、肌本来のみずみずしさが消え、かえって老け顔メイクになってしまいます。ファンデーションは意識して薄くつけるようにしましょう。

1

ファンデーションを顔の中心数か所に置き、内側から外側へのばす。この時、指に丸みを持たせて顔の立体に沿って指を密着させるのがポイント。

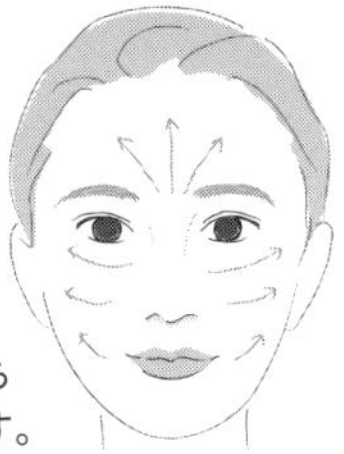

顔の中心から
外側にのばす。

2

凹凸や影の出やすい部分、シワには特に薄く塗る。
ファンデーションが溜まらないように。

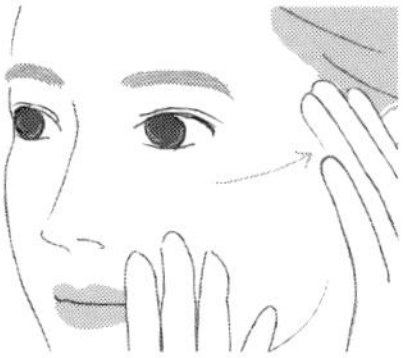

毛穴やたるみなど凹凸が気になる部分は肌を引き上げ張らせた状態で塗る。

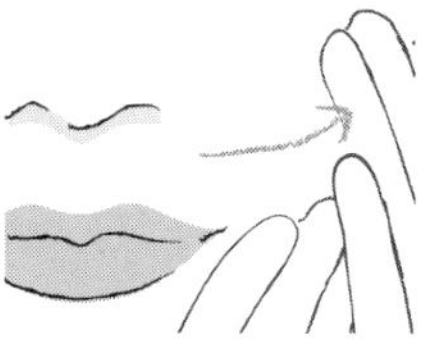

ほうれい線は引き上げながら薄く塗る。

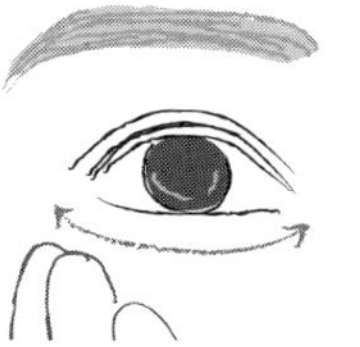

目の周りは目頭から目尻の間を往復させ、目尻に抜けるようにのばす。目のきわは、ごく薄くなるように。

3

生え際とフェイスラインはスポンジでぼかすひと手間を。額が後退したように見えたり、お面のように仕上がってしまったりするのを避ける大事なポイント。

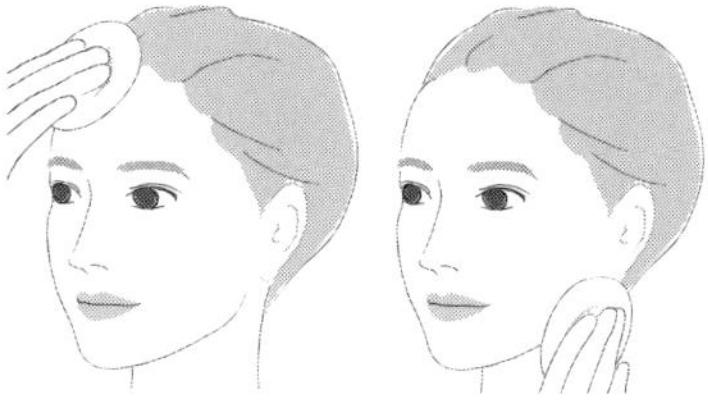

生え際やフェイスラインは薄くぼかす。

アイメイクは自分の目元の変化に合わせて

目元の皮膚は薄く、年齢が出やすい部分です。上まぶたのたるみやくぼみ、目の周りのシワが深くなるので、今まで使っていたアイシャドウの色やつけ方が合わなくなってきているかもしれません。また、眉は眉毛自体に変化はなくても、まぶたのたるみにより目と眉の間が広がってきて老けて見えることも。

60代以降のアイメイクは、40代や50代までにやってきた手法にとらわれないことが大切です。目元のくすみやくぼみは明るめのアイシャドウで飛ばし、たるみはアイラインでカバーするなど、ご自身の目元の変化に合わせてアイメイクを見直すのがよいでしょう。

アイシャドウ

アイシャドウの色は暖色系がおすすめです。まずはベースカラーをアイホール全体にふんわりと入れることでくすみを飛ばします。ただし、パールやラメがたくさん入ったものだと、シワに入り込んでしまい逆に小ジワが目立ってしまうことも。60代に必要なのはキラキラではなく、明るさ。ギラギラしたパールやラメは思い切って卒業しましょう。
塗る時は眉を引き上げると、柔らかくなったまぶたに、均一に塗りやすくなります。ベースカラーの次に中間色、締め色と薄く重ねます。

●アイシャドウの塗り方のポイント

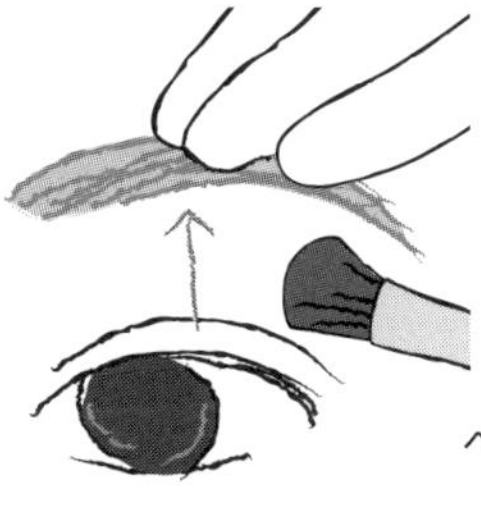

上まぶたを引き上げて塗ると、アイシャドウがまぶたにムラにならずにきれいに仕上がる。

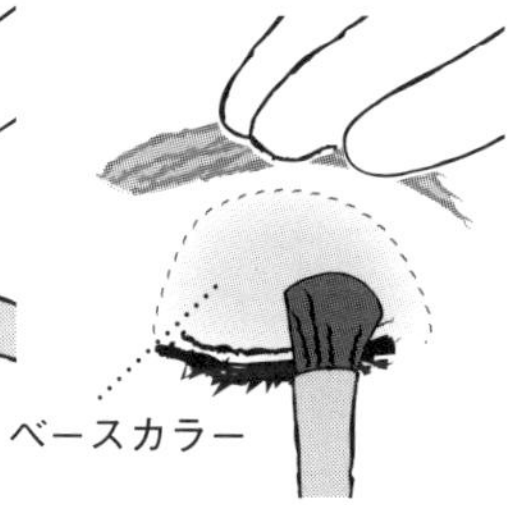

ベースカラーはまぶた全体にふんわりとぼかすように塗る。

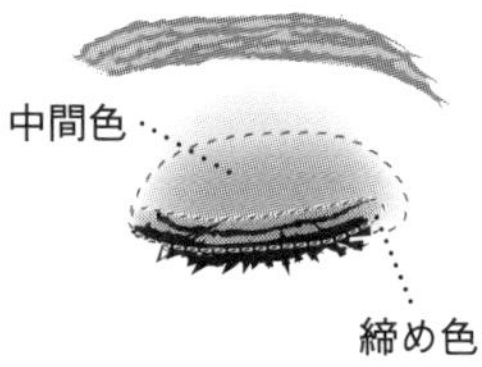

中間色や締め色は目尻のきわが濃くなるように目尻から塗る。

Column

涙袋メイクより下まぶたを明るくして

トレンドの涙袋メイクを60代がしてしまうと、くすみやクマが目立つ原因になります。涙袋を強調するより、下まぶたに明るい色を入れて目元をくすませないようにしましょう。

アイライン

アイラインは目のきわに線を引くのではなく、加齢により少なくなった、まつ毛の隙間を埋めるために描きます。少しずつ点々とのせるようにしましょう。もしもガタガタになっても、大丈夫。後からアイシャドウをほんのり重ねると自然になじみます。

また、目頭より目尻が下がらないように描くのもポイントです。肘をテーブルにつけて安定させ、目の上の皮膚を引き上げながら描きましょう。

●アイラインのポイント

肘を安定させて描くと、上手にラインを引ける。

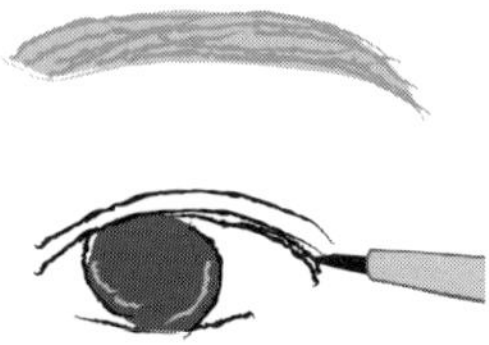
まつ毛の隙間を埋めるように少しずつ。

ビューラー・マスカラ

まぶたが下がってくる60代がビューラーを使う時は、まつ毛の根元ではなく、まぶたでまつ毛が隠れていないところからカールするといいでしょう。

年とともにまつ毛の量が少なくなっているので、マスカラは細身のブラシタイプがつけやすいです。ダマにならず一本一本コーティングできて長さも出る、ロングラッシュのものがおすすめです。

●マスカラのつけ方のポイント

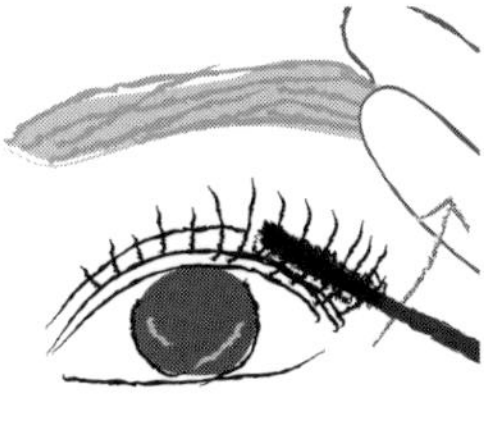
まぶたを持ち上げながらつけると、まぶたにマスカラがつかずきれいに仕上がる。

アイブロウ

眉毛の下のラインから描き始めるのがポイントです。眉頭から眉尻にかけて水平気味に線を描くと、柔らかな雰囲気になります。面長やこめかみのくぼみが気になる人は、眉山をあえて外側に描くと、気になりにくくなります。
ペンシルで描く場合は、毛を一本一本足すイメージでやさしくペンシルを動かしましょう。仕上げに眉マスカラを使って毛流れを整えると、さらにきれいな眉に。

●目と眉を近づけるアイブロウのポイント

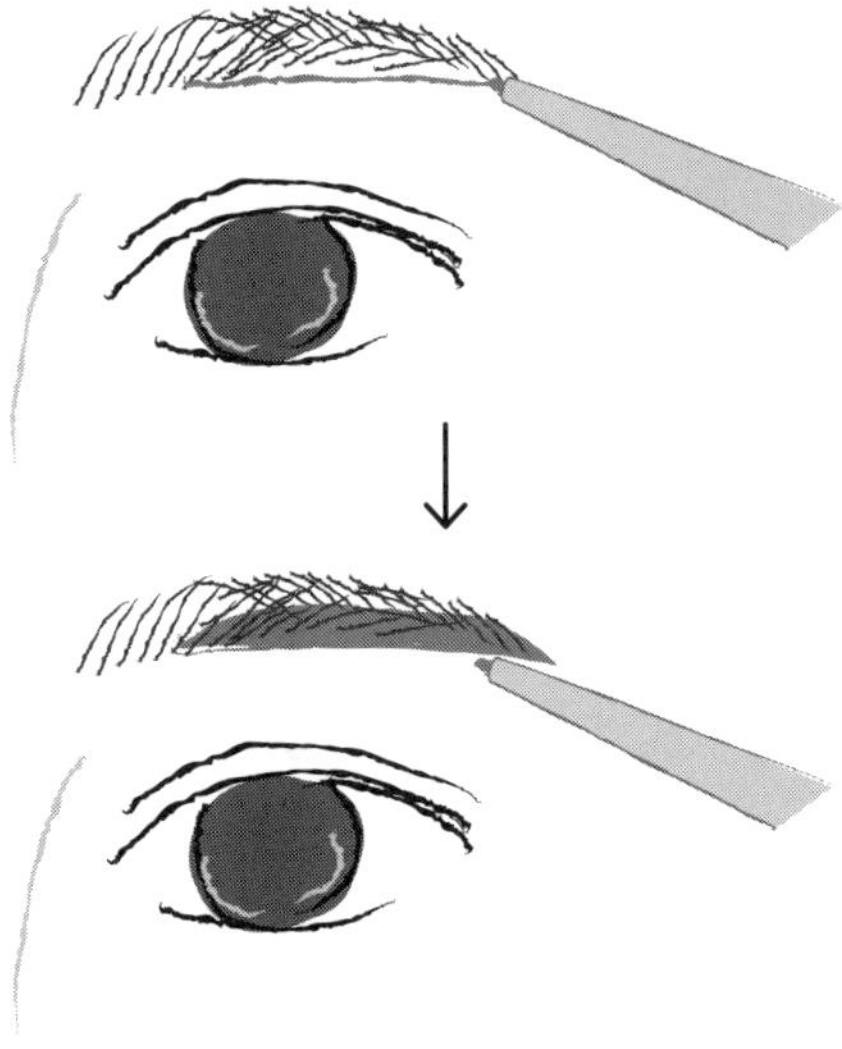

コームで眉毛を整えたら
下のラインから描き始める

眉頭から眉尻にかけて水平気味に線を引き、やや濃い色で描く。角度をつけないように描くのがポイント。

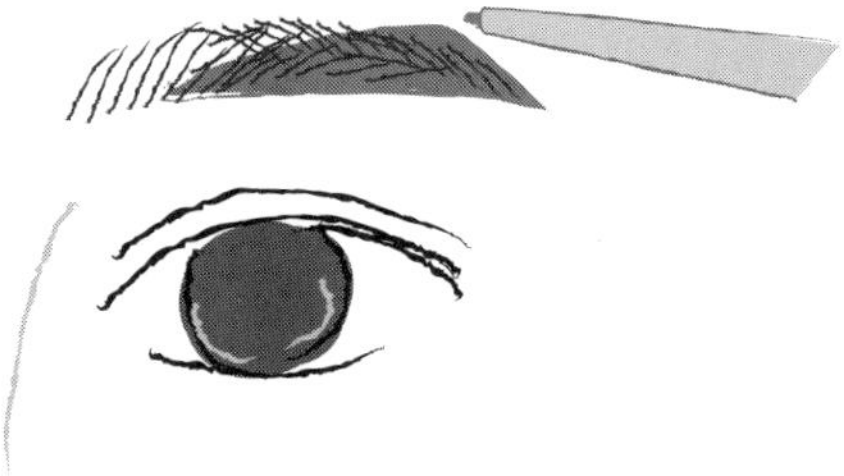

面長やこめかみの
くぼみが気になる場合は……

眉山（目尻の上）を外側に描くのがおすすめ。眉尻が下がらないように注意する。

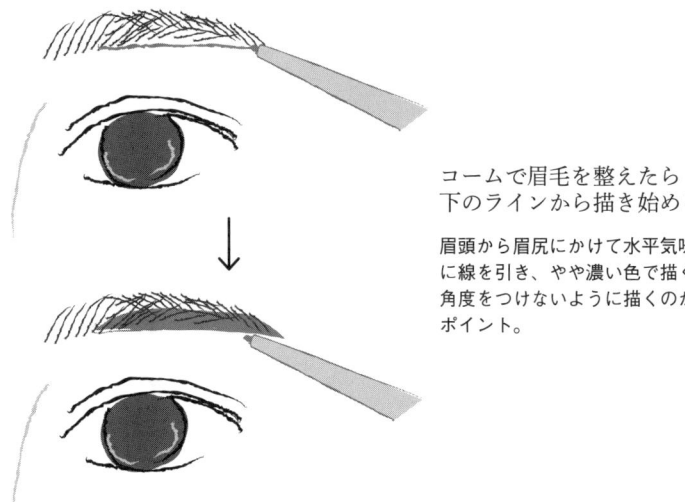

顔のたるみをカバーしてツヤをプラス

チークは顔の血色をよく見せ、ハイライトはツヤ感をプラスしてくれるアイテムなのは周知のとおり。さらに「くすみやこめかみ部分が痩せてきた」「頬のたるみが気になる」などエイジングのお悩みも同時に解決してくれる強い味方なのです。

ただし、チークもハイライトも入れる位置には少し注意が必要です。例えば、顔の血色をよく見せたいからと、チークを頬全体に入れてしまうと、頬が下がって見えてしまい、たるみを際立たせてしまうことになってしまいます。チークやハイライトは自分の顔のくぼみや痩せている部分などをきちんと確認しながら、効果的に使うことがはつらつとした顔になる秘訣です。

チーク

チークはサッと入れるだけで血色感がアップし、顔色を明るく見せてくれます。色は肌なじみがよく彩度の低いくすみカラーのチークを。鮮やかなチークを使用すると悪目立ちしがちですが、くすみカラーは自然な血色感を醸してくれます。チークを入れる位置は小鼻より上にふんわり、または頬の高いところに横長の楕円を描くように入れると頬が上がって見えます。

パウダーチークの場合は、ブラシにとったらティッシュなどで余分な粉を落としてから使用しましょう。つけすぎたり、ムラになったりするのを防げます。また繊細なパールの入ったチークを選ぶと自然なツヤもプラスしてくれます。

●チークの位置

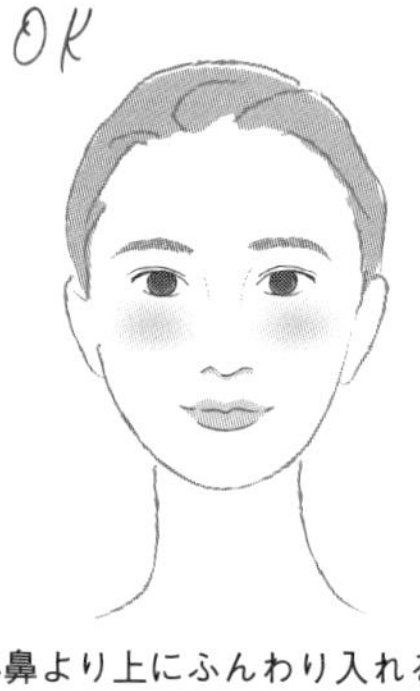

小鼻より上にふんわり入れる。

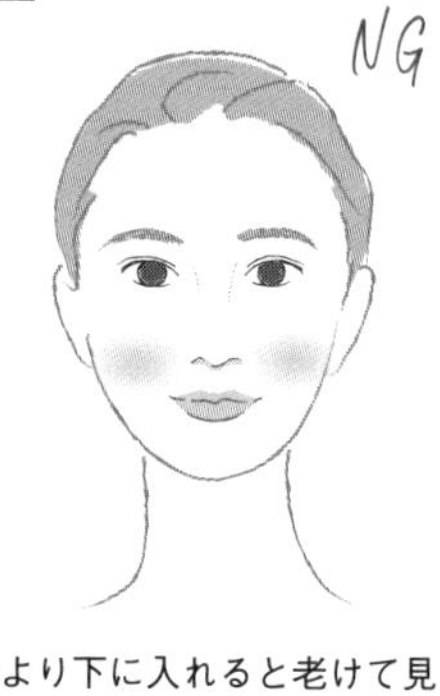

小鼻より下に入れると老けて見える。

ハイライト

ハイライトは、くぼんだ部分を高く見せて、顔全体にメリハリをつける効果があります。ラメ感の強いものや白すぎるものではなく、繊細なパール感でツヤが出るタイプを鼻筋や頬の高いところに入れると、自然な明るさや肌にハリ感を与えることができます。こめかみが痩せている人はマットなタイプをこめかみに軽くのせましょう。頬骨がこけている人は、頬骨の上ではなく頬骨の下に入れると頬がふっくら見えます。40〜50代の頃は額に使うこともあったと思いますが、60代以降は人によってシワが気になる場合があるので、無理して額に入れる必要はありません。

●ハイライトの位置

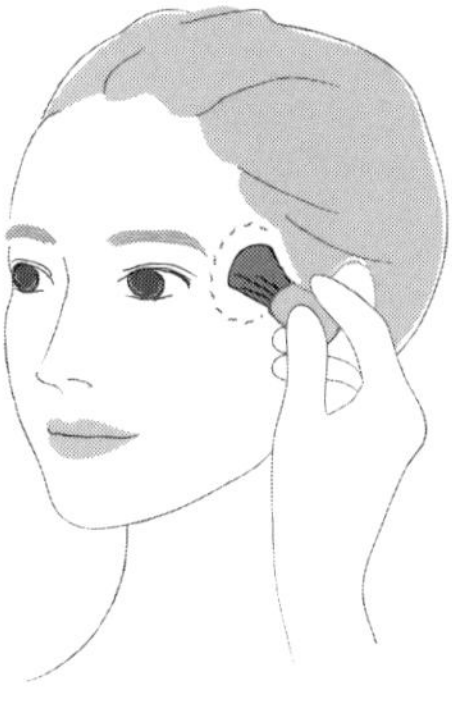

こめかみが痩せている人

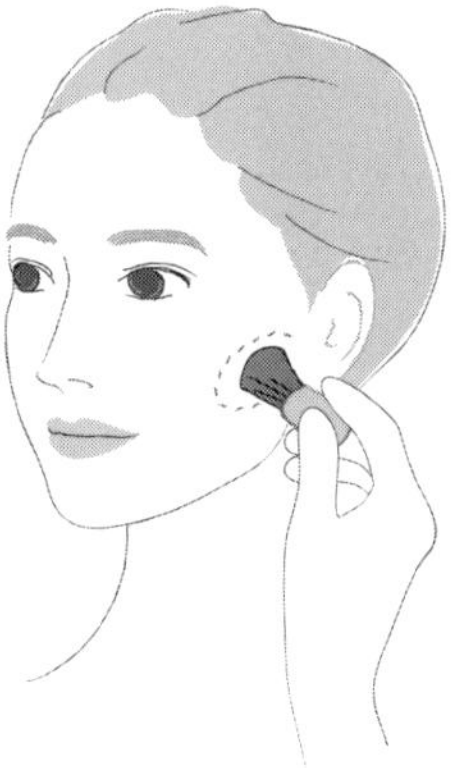

頬骨がこけている人

Column

シェーディングはシニアには不向き!?

小顔に見せようとフェイスラインにシェーディングをすると、肌のくすみがかえって目立ってしまうことがあり、残念ながら老けて見える場合があります。顎ラインのもたつきが気になるなら、大きめのブラシで、一段暗めのファンデーションをさらりと入れる程度にしましょう。

口角を引き上げて、オーバーリップめに

リップは顔色を明るくし、華やかさがアップしますが、年齢を重ねると口角が下がってしまったり、上唇が薄くなってしまったりで、使い方によってはどんよりした印象になってしまうことも。60代の人がリップを塗る際はちょっとしたテクニックが必要です。下がった口角にはコンシーラーで引き上げ効果を狙って。薄くなった上唇は、リップペンシルで輪郭の補正をします。

また、リップの質感はマット系よりも適度なツヤ感があるタイプのほうが唇をふっくらと見せてくれるのでおすすめです。大人の唇の色は青みがかってくるので、口紅の色は黄み寄りの色を選びましょう。透け感のあるものよりハッキリ発色するもののほうが大人の肌感に合います。

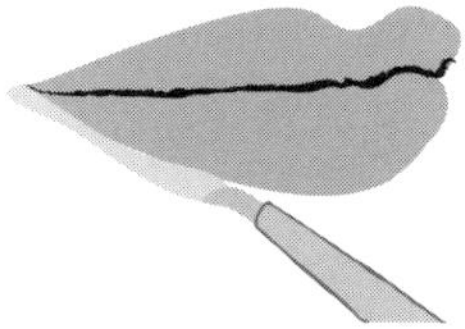

●口角が下がっている場合

コンシーラーやファンデーションを口角の下にサッと塗り、指でなじませる。ほんのり明るくなり、くすみやたるみの影が消えることで、口角がきゅっと上がって見える錯視効果が。口元は特に動くところなので、つけすぎに注意を。

●上唇が薄い場合

リップペンシルや口紅で上唇の山に高さを出してふっくら大きめのオーバーリップで描く。リップペンシルの場合は仕上げに口紅でツヤを与えましょう。

更年期後も変化し続ける身体とのつき合い方

閉経後は卵巣からの女性ホルモン（エストロゲン）の分泌量が急激に減少します。エストロゲンは、思春期には乳房・子宮の発育を促し、妊娠・出産に備えて女性らしい身体づくりをする役割があり、同時に肌の潤いを保ち骨の維持や増加、コレステロール値の調整など女性の身体を守ってくれるホルモンです。

40代半ばから50代半ばにかけて、卵巣機能が働かなくなり、これまで女性の身体を支えてくれていたエストロゲンの分泌量が不安定に増減しながら減少していきます。そのため自律神経が乱れて起こるのがいわゆる更年期症状です。のぼせ、イライラ、疲れやすいなどさまざまなトラブルを体験された方も多いでしょう。

閉経後はエストロゲン分泌の不安定さは軽減されますが、エストロゲンの不足による身体の変化が起こります。骨や筋肉量の減少、血管の劣化も静かに進行し、動脈硬化や高血圧、糖尿病など生活習慣病を引き起こしやすくなるのです。特に注意したいのが「骨や血管」の劣化です。この劣化は人によって急激に進む場合があります。

●閉経後に気をつけたい骨粗しょう症

まず骨について解説していきましょう。健康な骨は古い骨を壊す作業と、新しい骨をつくる作業のバランスをとって代謝を繰り返しています。エストロゲンが減少すると、新しい骨をつくることより古い骨を壊すことのほうが上回ってしまうため、骨がもろくなります。骨の量＝骨密度が低下すると、骨折しやすくなります。これが骨粗しょう症です。骨粗しょう症の割合は、60代の女性だと5人に1人、70代は3人に1人で、まさに閉経後に注意したい疾患なのです。

骨粗しょう症が進むと、転んだ時に手をついただけでも折れたり、腰に圧力がかかって圧迫骨折したり、いわゆる〝いつのまにか骨折〟が起こることも。最悪の場合、寝たきりに

骨密度は10代の過ごし方で決まる

骨密度は初経から高くなり始めて、18〜20歳でピークを迎えます。10代の頃にしっかり栄養を摂り、運動していればよいのですが、ダイエットなどで体重が減少し無月経が続いた場合、骨密度は低い状態に。こうした人は閉経後すぐに骨粗しょう症になりやすいといわれています。

なってしまい、そこから認知症や死亡リスクが上がるといわれています。早めに骨密度の検査を受けるようにしましょう。

血管劣化の裏に潜む高コレステロール

そのほかに気をつけたいのは血管が硬くなる動脈硬化です。血管が硬くなる原因には悪玉コレステロール（ＬＤＬ）値が高くなることが挙げられます。コレステロールとは血液中にある脂質のひとつで、細胞膜やホルモン、胆汁を形成するために必要なものです。

悪玉コレステロールは、名前から悪いイメージがあるかもしれませんが、実は肝臓でつくられたコレステロールを必要な組織へ運ぶコレステロールのこと。けれど、増えすぎてしまうと血管の壁に溜まってプラークと呼ばれる物質になり、血管が狭くなってしまい動脈硬化を引き起こします。プラークが破れると血栓ができ、脳血管障害や冠動脈疾患のリスクが高まります。エストロゲンには悪玉コレステロールを減らし、善玉コレステロール（ＨＤＬ）を増やす働きがあるため、エ

●血管の劣化を進める悪玉コレステロール

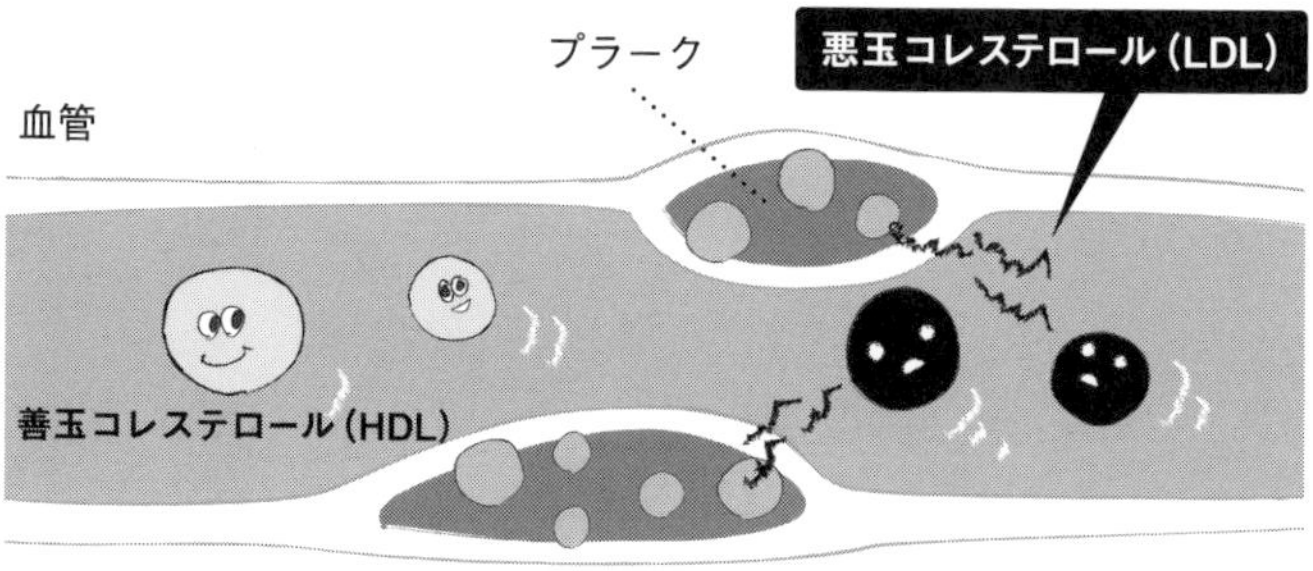

ストロゲンが減少すると悪玉コレステロール値がどうしても上がってしまうのです。悪玉コレステロール値は50代を境に急激に上昇し、同年代の男性の数値を上回ることがわかっています。食習慣は変わっていないのにお腹まわりが気になり始めたら、コレステロール値上昇のサインかもしれません。

脳梗塞・心筋梗塞の原因になる動脈硬化に注意

動脈硬化は悪玉コレステロールによる脂質異常や、高血糖が慢性的に続く糖尿病、高血圧などが多くの原因とされています。動脈硬化自体は自覚症状がなく、徐々に進行していきます。血管の中に血栓ができて、血管が詰まってしまうと脳梗塞や心筋梗塞なども引き起こします。脳梗塞は、手足がしびれる、麻痺が起こる、言葉がうまく出てこない（呂律がまわらない）、めまいがする、目の前が暗くなる。心筋梗塞は、胸の痛み、めまい、呼吸困難などの症状が現れます。気になる症状があれば早めに医療機関を受診しましょう。

骨と血管を守るのは良好な食生活と運動

●骨を強くするのはやっぱりカルシウム

さて、では骨粗しょう症と動脈硬化を防ぐには何を心がければよいでしょう？　骨粗しょう症予防には、骨の形成に役立つ栄養素と骨に刺激を加える運動が大切です。まずは食事面から見直してみてください。骨の形成に欠かせない栄養素といえばカルシウムですが、カルシウムの吸収を助けてくれるビタミンD、骨の形成を促すビタミンKも一緒に摂るのがおすすめです。左表にある食品に多く含まれているので、積極的に食事メニューに取り入れてください。

カルシウムは1日650㎎が摂取目安です。牛乳ならコップ1杯約200gに220㎎のカルシウムが含まれています。なおビタミンDは8.5μg、ビタミンKは150μgがいずれも成人女性の摂取目安といわれています。また、骨は刺激を与えると骨密度を高めるため、日常生

骨を強くする栄養素が含まれる食品

栄養素	食物
カルシウム	乳製品、小魚、緑黄色野菜、大豆、大豆製品 (例：牛乳　プロセスチーズ　ヨーグルト　ししゃも　小松菜　豆腐　納豆など)
ビタミンD	魚類、きのこ類 (例：鮭　さんま　きくらげ　干ししいたけ　舞茸など)
ビタミンK	大豆製品、緑黄色野菜、海藻 (例：納豆　ブロッコリー　モロヘイヤ　ほうれん草　干しわかめなど)

活に運動を取り入れると骨が強くなります。無理のない程度でウォーキングなどの有酸素運動とスクワットなどの「レジスタンストレーニング」(P89参照)を組み合わせるのがおすすめ。特にジャンプなど上下に跳ねる運動がよいとされていますが、かかとの上げ下げ(かかと落とし)でも有効です。散歩や階段の上り下りからでもいいので、まずは身体を動かす習慣をつけましょう。

さらに、太陽の光を浴びることも骨の形成につながります。紫外線に当たると活性型ビタミンDが生成され、腸からのカルシウムの吸収を促します。極端に気温が高い日以外は1日15～20分、太陽の光を浴びるように心がけましょう。

●動脈硬化を予防する食生活って?

また、血管を守るためには、悪玉コレステロール値を下げる食生活を心がけましょう。肉や乳製品などの飽和脂肪酸は摂りすぎると悪玉コレステロールを増やします。対して不飽和脂肪酸は、悪玉コレステロールを抑え、中性脂肪を減らす働きがあるため動脈硬化を防ぐ効果を期待できます。不飽和脂肪酸を多く含む青魚や豆類、アマニ油やエゴマ油を摂るのがおすすめです。特に青魚の油に含まれるＥＰＡ・ＤＨＡは体内では生成できず、食物からしか摂れない必須脂肪酸で、血液をサラサラにする働きがあります。さばやいわし、さんまなどの青魚を積極的に摂るようにしましょう。アマニ油やエゴマ油は１日小さじ１杯くらいをみそ汁に入れても。そのほか、食物繊維が多く含まれている野菜やきのこ類、海藻などもおすすめです。

さらに骨粗しょう症と同様に、運動習慣をつけることも動脈硬化のリスクを下げます。バランスのいい食事と運動を意識しましょう。

ぜひ禁煙を！

喫煙は骨粗しょう症や血管疾患の発症リスクが高くなります。健康寿命を延ばすためには禁煙は必須です。

筋肉量の低下＝サルコペニアは老化を加速させる

筋肉は立つ、歩くなど身体を動かす以外にも基礎代謝を上げる、外部の衝撃から守る、血液やリンパの流れを促すなど、さまざまな働きをしています。成人における筋肉率は、体重のおよそ36〜40％です。30歳を過ぎると10年ごとに2〜4％ずつ減少し、50代からは筋肉率が急激に減少し筋肉量も落ちていくのです。

このような加齢による筋肉量の低下をサルコペニア（加齢性筋肉減弱症）」と呼び、最近注目されています。サルコペニアは65歳以上に多く、75歳以上になるとさらに増えるということが報告もされています。

●筋肉増加には良質のタンパク質を

このため老齢期は、筋肉量が減るということを意識して、予防することが大切です。まず意識して摂取するようにしたいのがタンパク質です。筋肉の約80％は、タンパク質でできています。タンパク質をしっかり摂取することが筋肉量の維持につながります。

高齢者が摂取したいタンパク質の量の目安は、体重1kg当たり1gです。50kgなら1日50gのタンパク質を摂取する必要があります。タンパク質には動物性の肉、魚、卵のほか植物性の大豆製品などがありますが、骨粗しょう症や動脈硬化のリスクを考えると魚の摂取量を増やすことがおすすめです。また、タンパク質は1食で摂るより3食通して均等に摂ったほうが効率的なので、例えば朝は納豆、昼は鶏むね肉の親子丼、夜は焼き魚といった食事メニューで上手に取り入れましょう。

かかと上げ下げ（かかと落とし）

膝、股関節などに
変形や痛みがある人におすすめです。

1 椅子の背に手をかけ、足を少し広げる。

2 かかとの上げ下げを10回繰り返す。

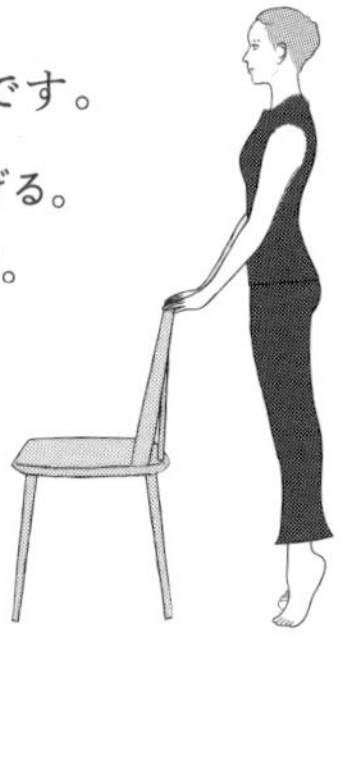

●今からでも遅くない！筋トレのすすめ

そして、ぜひ習慣にしてほしいのが筋トレです。何もジムなどに通って、トレーニングマシンやダンベルを使って運動するということではありません（もちろん通っている方は続けてくださいね）。高齢者には筋肉に負荷をかける動きを繰り返して行う「レジスタンストレーニング」がおすすめです。スクワットやかかとの上げ下げは下半身にあるさまざまな筋肉を動かすことができるので、無理のない範囲でやってみましょう。タンパク質を摂取する食事と運動を組み合わせて、筋肉をつけることが大切です。

椅子スクワット

椅子を使って無理なく行えます。

1 肩幅くらいに足を広げて椅子の前に立つ。両腕は伸ばす。

2 ゆっくり膝を曲げる。

3 5秒かけてお尻が椅子につくギリギリくらいまでお尻を下げる。

4 5秒かけて膝を伸ばして1に戻る。10回ほど繰り返す。

骨盤底筋のゆるみが原因の尿漏れ・頻尿

閉経前後からは、頻尿や尿漏れ、失禁など排尿のトラブルも多く見られるようになります。尿漏れ、失禁は原因によってさまざまな疾患がありますが、特に女性に多いのが腹圧性尿失禁と切迫性尿失禁の2つです。

腹圧性尿失禁は、咳やくしゃみ、大きな荷物を持った時などにお腹に力を入れた瞬間に尿漏れしてしまうもので、女性の尿漏れの悩みとして一番多いです。

膀胱・子宮・直腸は、骨盤の底にあるハンモックのような形をした骨盤底筋群が支えています。ですが、閉経後にエストロゲンが急激に減少すると骨盤底筋が弾力を失い、ゆるみます。このことが尿漏れを起こしてしまう原因のひとつです。腹圧性尿失禁は高齢期だけでなく、妊娠や出産期になる場合もあります。出産時は産道が広がることで骨盤底筋がダメージを受けて尿漏れしやすくなりますが、骨盤底筋が回復すると、徐々に尿漏れはなくなってきます。ところが高齢期はエストロゲンの減少で出産後のように筋肉の弾力を取り戻せません。

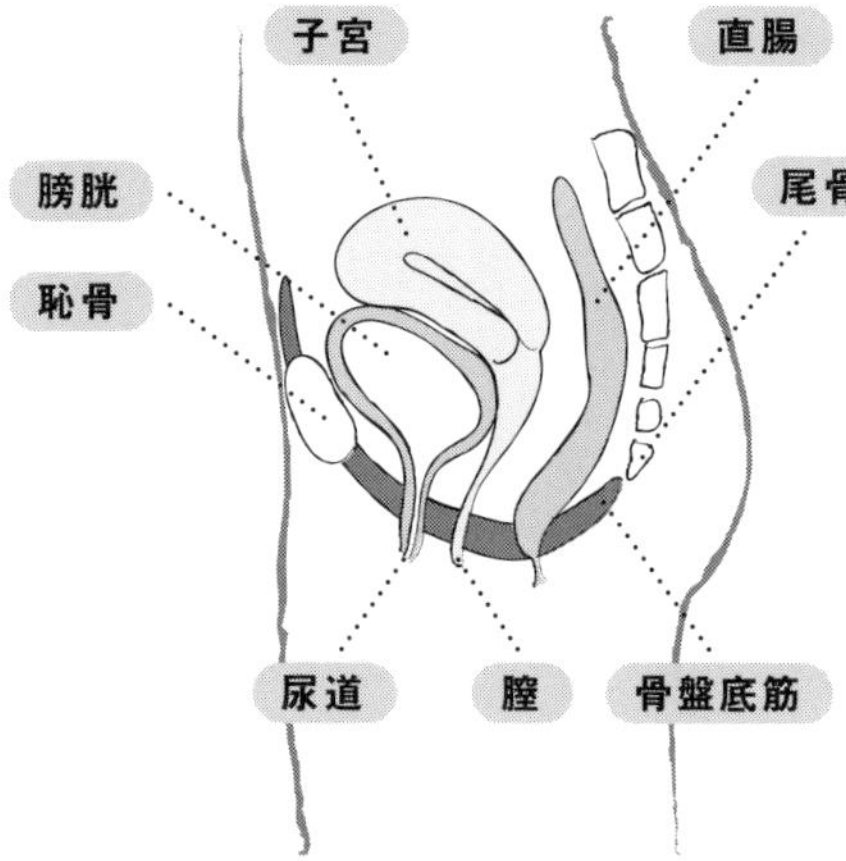

もうひとつの切迫性尿失禁は、急に尿意がきてトイレまで我慢できず漏れてしまいます。通常は脳からの指令で排尿がコントロールされています。指令する神経が異常をきたしていることが原因の場合もありますが、高齢者になると特に原因もなく膀胱が萎縮してしまい、頻尿や切迫性尿失禁になっていることも多いのです。

いずれも、気になったら早めに婦人科や泌尿器科を受診することをおすすめします。

●骨盤底筋を鍛えましょう

普段の生活の中でできる対策としておすすめしたいのが骨盤底筋のトレーニングです。肛門や膣を閉める運動をすることで、骨盤底筋を鍛えることができます。

骨盤底筋のトレーニングは数日行うだけでは効果がありません。最低2～3か月続けることが大切です。あお向けでできるようになったら、椅子に座って行ったり、立った状態で行ってみたりしましょう。

そのほか、日常生活において重いものを一気に持ち上げないようにする、体重の増加に注意する、便秘の場合は投薬でスムーズに排

骨盤底筋のトレーニング

1 あお向けに寝て両膝を立てる。

2 尿道・膣・肛門を引き締めて
３～５秒数えたらゆるめる。
その間、腹筋に力を入れないよう
意識するのがポイント。
１回１０分で１日数回行う。
できるだけ毎日続けること。
効果が実感できたら
さらに続けるように。

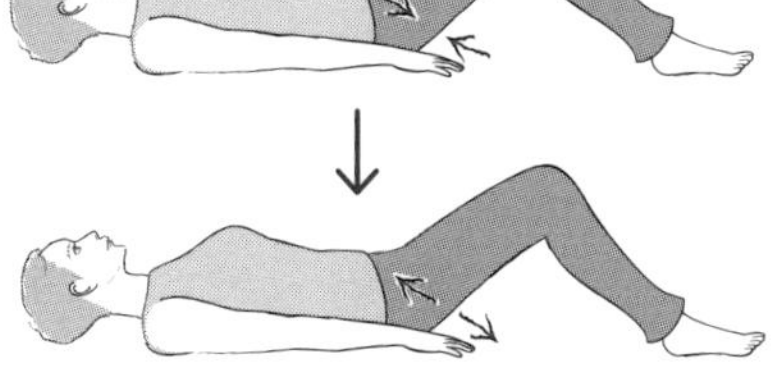

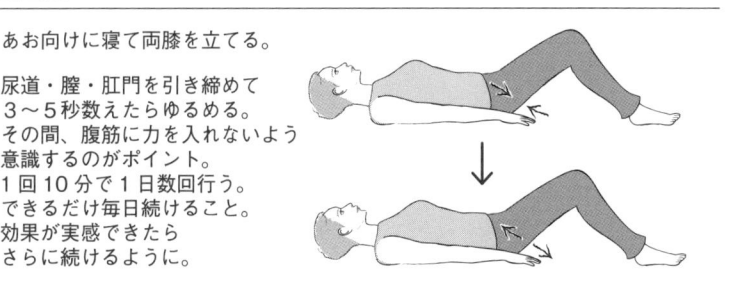

便し、いきまないようにするのも尿漏れ対策として有効です。特に閉経後は、基礎代謝が下がり、内臓脂肪を溜めやすく腹圧が常にかかっている状態となり、腹圧性尿失禁のリスクが高まる可能性があるので、食事や運動で体重が増えないように気をつけましょう。

排尿のトラブルはすぐさま命に関わることにはなりませんが、尿漏れの心配があると外出や乗り物を利用するのが億劫になってしまい、生活のクオリティが下がってしまいます。手術で改善する場合もあるので、女性泌尿器科(ウロギネ)がある医療機関を受診、相談してみてもいいでしょう。

生活習慣で頻尿も改善できる

頻尿の原因は過活動膀胱の場合が多いです。膀胱が過敏になり、尿が十分に溜まっていなくても膀胱が収縮し、何度もトイレに行きたくなります。日中8回以上トイレに行ったり、夜間に2回以上トイレに行きたくなったりするのは過活動膀胱の可能性も。また、コーヒーやお茶などのカフェインや刺激物の摂りすぎで頻尿になっている場合もあり、2週間ほど白湯だけで水分を摂るようにすると軽くなることもあります。加えて身体を冷やさない、骨盤底筋トレーニングを取り入れるなど生活習慣の見直しや薬の服用で改善に向かいます。夜間頻尿の場合は就寝2～3時間前は水分を摂らないようにしましょう。1日の飲水量（水分だけで2ℓほど）が足りていれば脱水症状にはなりません。

処方箋

3

for money plan

老後を支えるお金の中身を自分基準で考える

人生100年時代と言われると、老後のお金に不安を感じますよね。

老後資金の準備で大切なのは自分に見合った金額がどれくらいなのかを知ることです。まずは自分の貯蓄や生活費を洗い出して必要資金の把握をしましょう。

不安やもやもやを3ステップの準備で解消！

Step 1

いくら必要？
老後資金ホントのところ
(P96 ～ P100)

Step 2

年金額や貯蓄を
把握することが大事
(P101 ～ P105)

Step 3

日々の暮らしから
老後の生活費をイメージ
(P106 ～ p111)

教えてくださったのは

ファイナンシャルプランナー
畠中雅子先生

老後資金は必ずしも2000万円必要ではない

老後の資金には2000万円くらいは必要という報道がされてから、老後の暮らしに不安を覚えた人もいるでしょう。いわゆる〝老後資金2000万円問題〟です。

なぜこのような数字がいきなり出てきたのでしょうか？　これは2019年に金融庁の金融審議会「市場ワーキング・グループ」によって報告されたもので、総務省の「家計調査年報」の65歳以上の夫婦で無職世帯の家計収支に基づいています。調査報告書を作成した時点の高齢夫婦無職世帯の1か月の実収入20万9198円から実支出（消費支出＋非消費支出）26万3718円を引いた5万4520円を毎月の赤字額としています。

その毎月の赤字額を30年で積算するとだいたい2000万円近い数字になったため、そういった報告がされたというわけです。この平均の赤字額は調査する年によって変化しています。

例えば、2022年の最新の家計収支調査では高齢夫婦無職世帯の1か月の実収入24万6237円、実支出（消費支出＋非消費支出）26万8508円で、毎月2万2271円が赤字額となるので、20年なら534万円、30年なら801万円が必要です。

ただし、これはあくまでも平均額からの数字で、老後に必要な金額はその人のライフスタイルによって変化します。生活費、家族構成、住宅事情などによって3000万円必要な人もいれば、1000万円で大丈夫な人もいます。自分にとってどれくらい老後資金があると安心なのかを知るには、ご自身の「お金の不安を見える化する」ことから始めましょう。

老後の「お金の不安を見える化」しましょう

「老後のお金が心配です」「年金だけでやっていけるのか……」。漠然と老後のお金についてもやもやしている人は多いと思います。老後のお金のもやもやを払拭するには、まずはご自身の現状の家計を知ることが大切です。月々の家計収支、貯蓄額、年金額、ローンの返済などをきちんと把握することによって、老後のお金について、どう備えればいいかが見えてきます。

最初に、月々の家計収支を把握しましょう。細かく家計簿をつけるのが苦手な人もいると思いますので、ここではだいたいでいいので、通帳などを見て月にどれくらい生活費がかかっているのか？　赤字は出ているのか？　をチェックしてみてください。

そして忘れてはいけないのが「特別支出」です。「特別支出」とは固定資産税や自動車税などの各種税金、車検代、レジャー費、冠婚葬祭費、家電の買い替え費など、１年の中で必ずどこかでかかる大きな出費の

1年間の赤字額の計算式

月々の赤字額 [　　　　] 円 × 12 カ月

＋

1 年分の特別支出 [　　　　] 円

＝1 年間の赤字額 [　　　　] ① 円

老後資金として必要な金額の見積り

1 年間の赤字額 [　　　　] ① 円

×

95 歳 － 現在の年齢 [　　] 歳 ＝ [　　] ② 年

＝必要な老後資金 [　　　　] ③ 円

※①～③の詳細は p100 で説明

ことです。

現役時代は「特別支出」はボーナスや貯蓄から捻出できましたが、年金暮らしになるとボーナスはないので貯蓄でまかなうことになります。月々の赤字額×12か月分と特別支出を足すと年間の赤字額が出ます。これを出すことで、老後資金に必要な額のベースを把握できます。

では、自分は老後にいくら必要なのか？　次のような概算で求めることができます。

①月々の赤字額の12か月分＋１年分の特別支出額を足します。
②95歳まで生きると仮定して、そこから現在の年齢を引きます。
③①の赤字額に②の年齢を積算すると、残りの人生で出ていくお金の概算がわかります。

このお金があなたに必要な老後資金の目安となります。年間の赤字額と特別支出を把握することが、ぼんやりしていた老後資金の必要な金額を浮かび上がらせてくれるのです。

年金は「ねんきん定期便」で受け取れる金額を確認しましょう

老後の生活費を支えてくれるのは年金です。日本の年金制度はよく3階建ての家に例えられますが、1階にあたる20歳以上のすべての国民が加入している国民年金(老齢基礎年金)と会社員や公務員には2階にあたる厚生年金(老齢厚生年金)があり、企業によって3階部分の企業年金などが存在します。自分がどの年金に加入しているのかを把握しましょう。

年金額については、毎年誕生日月に送られてくる「ねんきん定期便」で把握できます。なかでも35歳、45歳、59歳に届く「ねんきん定期便」は封書になっており、これまでの年金加入履歴、加入実績に応じた年金額などが詳細に記載されているので必ずチェックを。

特に59歳の「ねんきん定期便」は実際に受け取れる年金に近い金額が

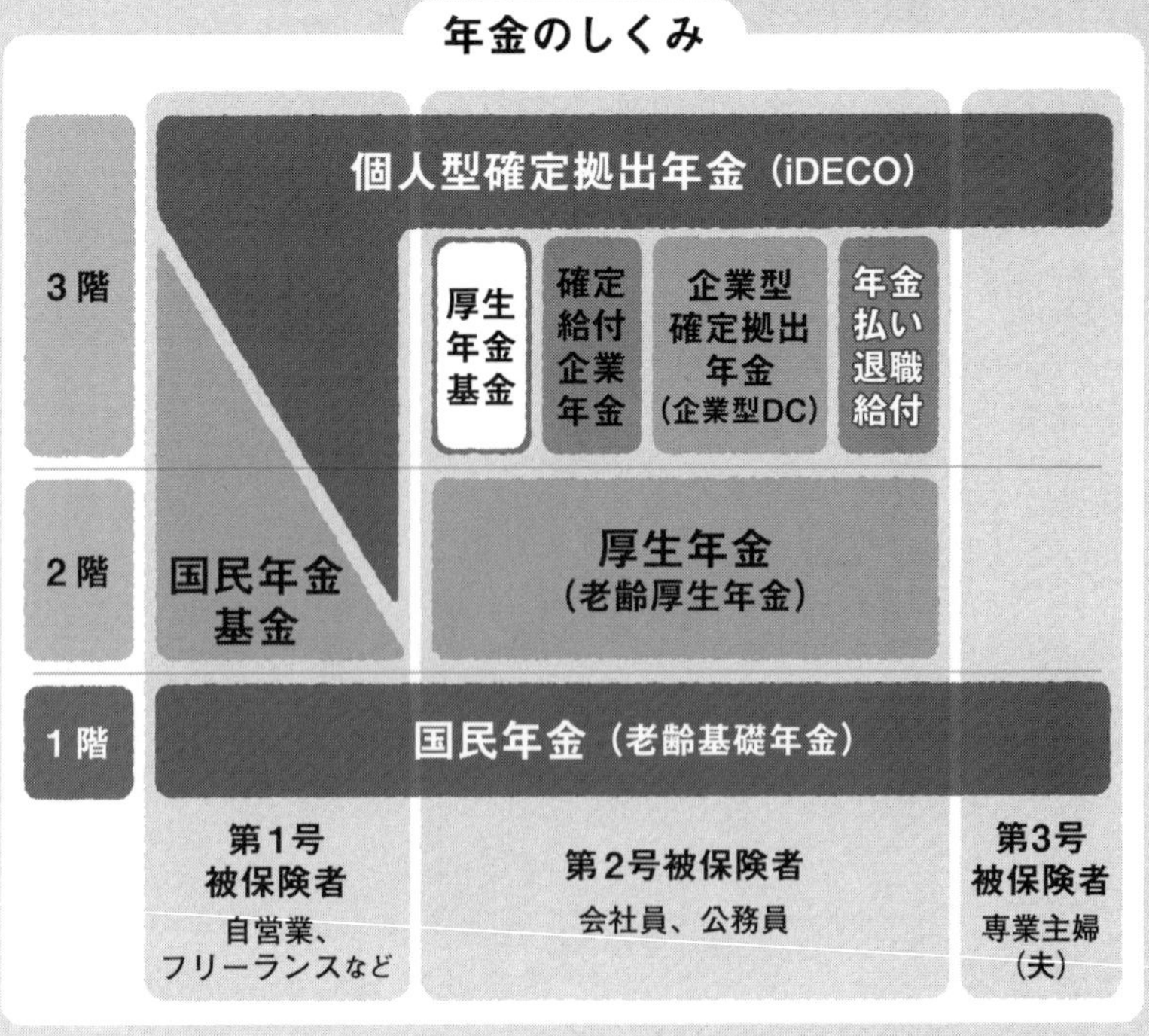

記載されているので、年金生活をイメージしやすいでしょう。

公的年金の受給開始年齢は、原則65歳です。受給開始年齢に到達する3か月前から、基礎年金番号、氏名、生年月日、性別、住所、年金加入記録があらかじめ印字された「年金請求書」の案内が本人宛てに送付されるので、確認しましょう。

また、老齢基礎年金、老齢厚生年金ともに原則偶数月（2月・4月・6月・8

月・10月・12月)の15日に前月・前々月分の計2か月分がまとめて指定した銀行口座に振り込まれます。

初回の受給資格は65歳の誕生日前日に発生し、その翌月分から支給開始となります。例えば7月7日生まれの人が65歳になると7月6日に受給資格を取得します。翌月の8月分から年金の受給対象となり、8・9月分の年金を偶数月の10月15日に受け取ることになります。

老齢基礎年金は20歳から60歳になるまでの40年間(480か月)年金保険料を払った場合は、年額79万5000円(令和5年度の金額)を受け取れますが、現役世代の賃金の変動や物価などによって毎年見直されていますので、こまめにチェックしましょう。

家計簿が苦手な人は「貯金簿®」で簡単に管理

老後に必要なお金を把握するために、家計簿などをつけて月々の赤字額をチェックすることは大切ですが、面倒と感じてしまう人にすすめたいのが「貯金簿®」です。貯金簿のいいところは、貯蓄の流れを把握できることです。家計簿だと貯蓄型の保険に加入していても、支出として計上してしまいます。実際に支払った金額が積み上がっているはずなのに、家計簿では貯蓄として認識できないので、純粋な貯蓄を知るために貯金簿はおすすめなのです。

年に数回、貯蓄(資産)と負債の残高を書き留めておくだけで、1年間で実際いくら貯まったのか、いくら減ったのかを把握することができます。貯蓄は、預貯金・保険・投資による運用商品をすべて資産として計算することで、自分の全財産と資産額の推移がわかります。負債の項目には主に住宅ローン、車のローンを記入します。これで借金の推移もチェックできます。

貯金簿をつけるペースは現役世代なら３か月、もしくは６か月ごとに。年金生活になった人は年金が支給される偶数月に記入するのがおすすめ。

貯金簿® 記入例

	名前	金融機関	金融商品名	2024年 2月	2024年 4月
預貯金	夫	A銀行○○支店	**普通**／定期	356,755	327,221
	〃	A銀行○○支店	普通／**定期**	3,075,321	3,075,435
	〃	B銀行	**普通**／定期	839,847	749,847
	妻	A銀行	**普通**／定期	321,000	297,500
	〃	A銀行	普通／**定期**	1,025,000	1,025,021
			小計	5,617,923	5,475,024
運用商品	夫	W証券	株式	320,000	312,000
	〃	〃	投資信託	1,785,837	1,798,274
			小計	2,105,837	2,110,274
貯蓄型保険	夫	X保険	個人年金保険	1,780,000	1,810,000
	妻	〃	養老保険	956,998	1,028,475
			小計	2,736,998	2,838,475
			貯蓄合計額	10,460,758	10,423,773
			増減額	－76,012	－36,985
ローン（負債）					
			ローン合計		
			ローン増減		

名義や口座ごとに記入。タンス貯金もこちらに記入

株などの金融商品を記入

個人年金など貯蓄型の保険を記入

それぞれの小計を足す

住宅ローン、車のローンなどを記入

前回からの増減額を記入する。これが重要

貯金簿で貯蓄が減っていくペースをつかむことが大切です。貯蓄が減るペースが速い人は早急に家計の見直しをしないといけないですし、ペースが遅い人は今の暮らしをキープしつつ支出を増やさないようにすると、月ごとの家計の目安に役立ちます。

年金生活の家計をイメージしてみましょう

ねんきん定期便で年金受給額の目安がわかったら、その受給額で日々の生活費はどの程度までまかなえそうかを考えてみましょう。具体的な内訳を知ることで、年金生活のイメージがしやすくなります。P109で年金金額別（税金や社会保険料を引いた手取り額）の家計簿の内訳を紹介しています。これは、年金内で赤字を出さない内訳例になっています。このとおりに家計を収める必要はなく、あくまでも年金生活をイメージするためにチェックしてみてください。

また、現在の家計と比べてみるのもおすすめです。あきらかに年金生活のほうが使えるお金は減っているので、どこを見直さないといけないかを確認できます。

●年金生活の家計管理は週単位にすると赤字を減らせる

年金生活になったら、1カ月ごとに家計管理するのではなく、週単位で管理するのがおすすめです。月の途中で赤字になったことを把握しないでいると赤字額がどんどん増えてしまうからです。

はじめに受給した年金を住居費や保険料などの固定費と光熱費や通信費など変動費に分けます。次に固定費と変動費を引いた金額から、米などまとまったものを購入するための予備費を確保。残りの予算を1週間単位で分けます。例えば固定費と変動費を抜いた金額が6万円としたら予備費は1万円で、残りは5万円。5週で分けると週1万円になります。1週目と5週目は日にちが少ないので割と黒字になりやすく管理がしやすいです。

黒字になった分は翌月に持ち越さず、ご褒美を購入したり、好きなことに使ったりすることで家計管理のやりがいになりますよ。

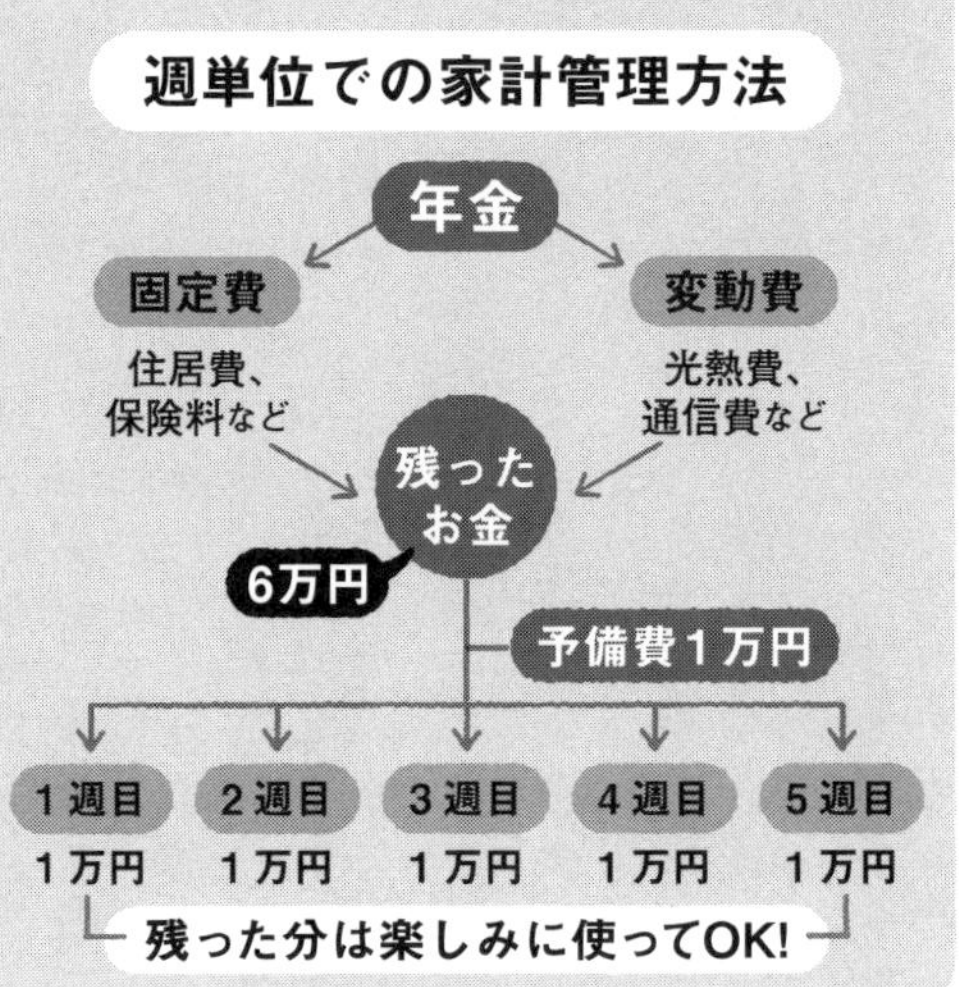

家計の見直しは固定費を中心にチェックする

年金生活ですべての費用を節約しようとすると、節約疲れしてしまい、老後の人生に楽しみがなくなってしまう場合があります。無理をしなくても節約できる費用と、お金をかけたい費用のメリハリをつけることがポイントです。

見直しやすく、節約に大きな効果があるのは住居費や保険料などの固定費です。持ち家だと家賃負担はありませんが、固定資産税やリフォーム代などは貯蓄から切り崩さないといけないので、今より狭くても生活しやすい家に住み替えたり、車を手放して出かける時だけレンタルしたりするとガソリン代や車検代、保険料などの負担が少なくなります。

変動費の中でもレジャー費や娯楽費は、シニア向けの割引や優待サービスを積極的に利用して。交際費は、無理をして周りに合わせず、

1か月に使える予算内でのおつき合いを心がけましょう。

節約といえば、すぐに食費を思い浮かべるかもしれませんが、節約

年金金額別　家計の内訳の目安

年金月額収入		10万円	12万円	14万円	16万円
費目	食費	25,000	30,000	30,000	35,000
	住居関連費※	10,000	10,000	10,000	10,000
	日用品費	5,000	5,000	5,000	6,000
	電気・ガス・水道代	20,000	20,000	20,000	20,000
	通信費	10,000	10,000	10,000	10,000
	教養娯楽費	3,000	3,000	5,000	8,000
	レジャー費	3,000	3,000	5,000	8,000
	被服費	3,000	3,000	5,000	5,000
	医療費	10,000	10,000	10,000	10,000
	小遣い	20,000	25,000	25,000	30,000
	交際費	3,000	3,000	5,000	8,000
	生命保険・損害保険料	5,000	5,000	5,000	5,000
	雑費	3,000	3,000	5,000	5,000
支出合計		120,000	130,000	140,000	160,000
収支		−20,000	−10,000	0	0

「持ち家・ローン完済」の場合のシミュレーションです

※住居費関連費は管理費や修繕積立金なども含まれる

しすぎると糖質過多の食事が多くなったり、必要な栄養素が摂れず体調が悪くなったりして医療費がかかってしまう結果となり本末転倒に。食費は年金額によりますが、2万5000円〜3万円（ひとり暮らしの場合）くらいに収まっていればいいので、さまざまな費用の見直し後、それでも赤字額が減らない場合には食費を節約しましょう。

健康保険対象の医療費なら少ない負担ですむ

老後の生活で心配なことのひとつは、医療費はいくらかかるのか？ということでしょう。

令和5年1月に厚生労働省が発表した「医療保険に関する基礎資料」[※1]によると1人当たりの年間の医療費（入院や入院外、歯科の診療費の計）は、60〜64歳では28万2061円、65〜69歳では36万1233円、70〜74歳では46万2508円、75歳〜79歳では59万3039円と、年齢とともに高額になります。ですが、医療費の自己負担額は69歳ま

※1　データ出典：厚生労働省「医療保険に関する基礎資料」令和２年度
https://www.mhlw.go.jp/stf/seisakunitsuite/bunya/iryouhoken/database/zenpan/kiso.html

では3割負担、70歳になると2割、75歳になると1割(所得による)ほどです。そのため自己負担額は年間で60~64歳では5万8662円、65~69歳では5万8449円、70~74歳では4万7520円、75歳~79歳では4万2521円となり、健康保険からの援助があるおかげで大きな負担にはなりません。

また、高額療養費制度(※2)があるため、高額な医療費でも自己負担分の上限額の負担ですみます。例えば、この制度が適用される、所得が高くもなく低くもない70歳以上の場合、外来だけなら1万8000円、入院があった場合でも5万7600円が実際に払う金額です。これを超えて支払った場合は超過分が還付されます。

健康保険の対象外である医療費(先進医療など)や入院時の差額ベッド代などは高額療養費制度も対象外になりますが、健康保険適用の医療費であれば、それほど高額な費用にならずにすみます。必要以上に備える必要はありませんが、病気やケガを保障する医療保険に加入しておくなどしておけば安心です。

※2 厚生労働省「高額療養費制度」を参照してください
https://www.mhlw.go.jp/stf/seisakunitsuite/bunya/kenkou_iryou/iryouhoken/juuyou/kougakuiryou/index.html

Staff

編集・執筆／百田なつき

アートディレクション・デザイン／大前悠輔（ohmae-d）

イラスト／西田敦美（カバー、表紙、総扉）　重 志保（各章扉、P58～93）

校正／福島敬子　滄流社（P58～93）

企画・構成／大塚美夏

老後不安の処方箋

主婦と生活社 編

編集人　石田由美

発行人　倉次辰男

発行所　株式会社 主婦と生活社
〒104-8357 東京都中央区京橋 3-5-7
TEL 03-3563-5361（編集部）
TEL 03-3563-5121（販売部）
TEL 03-3563-5125（生産部）
https://www.shufu.co.jp

製版所　東京カラーフォト・プロセス株式会社

印刷所　TOPPAN 株式会社

製本所　下津製本株式会社

ISBN978-4-391-16045-1